国家社会科学基金项目"甘肃特有民族体育文化延伸研究"（项目批准号：14BTY017）

河北体育学院燕赵武术文化研究中心资助出版

体育非物质文化遗产研究

陈 青 主编

北京体育大学出版社

策划编辑：王英峰
责任编辑：王英峰
责任校对：林小燕
版式设计：久书鑫

图书在版编目（CIP）数据

体育非物质文化遗产研究 / 陈青主编. -- 北京：
北京体育大学出版社，2025. 3. -- ISBN 978-7-5644
-4169-2

Ⅰ．G812

中国国家版本馆 CIP 数据核字第 2024CC5225 号

体育非物质文化遗产研究 陈 青 主编

TIYU FEIWUZHI WENHUA YICHAN YANJIU

出版发行：北京体育大学出版社
地　　址：北京市海淀区农大南路 1 号院 2 号楼 2 层办公 B−212
邮　　编：100084
网　　址：http://cbs.bsu.edu.cn
发 行 部：010−62989320
邮 购 部：北京体育大学出版社读者服务部 010−62989432
印　　刷：唐山玺诚印务有限公司
开　　本：710mm×1000mm　　1/16
成品尺寸：170mm×240mm
印　　张：12.5
字　　数：154 千字
版　　次：2025 年 3 月第 1 版
印　　次：2025 年 3 月第 1 次印刷
定　　价：98.00 元

编委会名单

主 编：陈 青

副主编：刘茂昌 张 晶

编 委：（按姓氏笔画排序）

王 婧 张 扬 张亚恒

范金霖 谢智学

前言

　　生活是人类文化的重要源头之一。

　　源于生活高于生活的活动，逐步汇聚为帮助人类凝结、传递宝贵经验的信息。其中，部分信息被印刻在人的身体上，生成人体文化。这种活态文化发挥着文化信息薪火相传的作用，然而，人体文化的延续容易因传承人的离世而中断。弥补方式之一便是将其转化为文本，通过文字记录，将宝贵的人体文化印刻成文，增加新的传承途径。

　　我们在进行国家社科基金项目的田野实证调研过程中，耳濡目染了甘肃大地上的民族文化，尤其被其生动、质朴的人体文化所感动，萌发了将活态的文化转录为文字的想法，恰逢崔乐泉、杨国庆先生倡导进行系列体育非物质文化遗产研究，从而坚定了我们这一群志同道合者著书的信心。

　　我们对较为典型的兰州太平鼓、兰州缠海鞭杆、天水秦安蜡花舞、张掖顶杠子和临潭万人扯绳赛等文化进行本真再现、理性思考，完成了对甘肃体育非物质文化遗产的梳理，进而依据相关原理提出承续建议，仅供传承参考。

　　河北体育学院陈青负责本书的设计、组织，以及第五章部分内容的撰写；西北民族大学谢智学撰写了第一章；西北师范大学张扬撰写了第二章部分内容；西北民族大学王婧撰写了第二章、第四章部分内容；河西学院

刘茂昌撰写了第三章及第四章部分内容；河北体育学院张晶统稿，并撰写了第二章、第五章部分内容；在马来西亚世纪大学（SEGi University）攻读博士学位的张亚恒与山东政法学院的范金霖撰写了第五章部分内容。

在撰写本书的过程中，我们得到了很多传承人、受访者无私的支持和帮助。承蒙河北体育学院燕赵武术文化研究中心给予经费支持，本书得以出版。在此，我们向指导、帮助、支持、关怀过我们的所有人致以最崇高的敬意！

我们是体育非物质文化遗产研究的初学者，面对丰富的体育非物质文化遗产，一直在努力探索。但在成书之后，仍感有些不足。鉴于水平和时间有限，书中难免存在错误或不当之处，恳请广大读者提出批评和改进意见。

2024 年 7 月于滹沱河畔

目录

第一章

体育非物质文化遗产概述

　　甘肃省总面积为 42.59 万平方千米，位于我国西部、黄河上游，是中华民族文化发祥地之一。"甘肃"一名取甘州（今张掖）与肃州（今酒泉）两地的首字而成。由于西夏曾置甘肃军司，元代设甘肃，甘肃简称甘；又因甘肃省境大部分在陇山（六盘山）以西，且唐代曾在此设置过陇右道，甘肃又简称陇。甘肃省东邻陕西省，西与新疆维吾尔自治区相邻，南与四川省、青海省接壤，北与内蒙古自治区和蒙古国交界，东北部与宁夏回族自治区连接。

　　在古代，受交通、通信的限制，区域文化交流大多集中在接壤地段。地形狭长的甘肃，东南部的区域面积较为广阔，与其周边的陕西、四川、青海、宁夏的文化呈现出融合之态。其西北部地区向西延伸，似乎印证着历史上中华民族文化博大精深的输出——经过河西走廊、新疆传入西域，这种内在的张力扩大了地域面积，同时造就了甘肃西北部文化的繁荣之态。

　　甘肃地区海拔大多在 1000 米以上，乘坐飞机进入甘肃，可以看到甘肃群山环抱，北有六盘山、合黎山和龙首山，东为岷山、秦岭和子午岭，西接阿尔金山和祁连山，南壤青泥岭。区域内地势起伏、山岭连绵、江河奔流，拥有山地、高原、平川、河谷、沙漠、戈壁等地貌，地形相当复杂。地势自西南向东北倾斜，形成陇南山地、陇中黄土高原、甘南高原、河西走廊、祁连山脉、河西走廊以北地带六大地形区域[①]。

　　甘肃的地形因素造就了其特有的文化，在不同的地势条件下形成了具有区域特色的文化氛围。甘肃独特的地理位置造就了其秀丽的自然风景、繁多的古迹、丰富的自然资源、深厚的文化底蕴和独具特色的民俗文化资源，为甘肃民族体育文化的发展提供了基础保障。与此同时，这里既是

---

① 甘肃发展年鉴编委会. 甘肃发展年鉴：2014：汉英对照[M]. 北京：中国统计出版社，2014：34.

中华民族的摇篮——黄河流域上游谷地，也是沟通中西方通道"丝绸之路"的黄金地段，在"丝绸之路"文化的融合和滋养下形成了河陇文化。因此，甘肃民族体育文化的发展既受全国局势的影响，又因甘肃地处西北一隅而独具特色。

据研究，上古时期我国地域的森林覆盖率为 46%～60%，年降水量为 818～918 毫米。甘肃曾经是植被丰富、青山绿水的地域，正是在这种易于生存的自然地理环境中，成为中国古文化的发祥地之一，是传说中的三皇之首伏羲、五帝之一轩辕黄帝和大地之母女娲的诞生地，有"羲轩桑梓"之称。甘肃的大地湾文化距今约有 8000 年的历史，其后的仰韶文化、马家窑文化创造了彩陶文化的辉煌时代[①]。不同民族人民世代在这片土地上生活，不断丰富着民间活动，并结合甘肃的地形地貌创造出独具特色的民族民间体育活动，丰富了甘肃人民的日常生活。

甘肃是一个多民族聚居的省份，现有 55 个少数民族常住于此，其中东乡族、保安族和裕固族为甘肃独有的少数民族。各族人民经过长期的生活交往及周围环境、生活习惯的熏陶感染，逐渐形成了社会心理和民族意识，不自觉地影响着政治、经济、文化、教育等方面的发展演变[②]。长期以来，甘肃省有关部门开展了大量的非物质文化遗产保护工作，不断挖掘、整理出更丰富的非物质文化遗产项目，并对这些项目进行了针对性保护，取得了一定的成效。

---

① 雒庆娇. 甘肃省少数民族非物质文化遗产保护研究[M]. 北京：商务印书馆，2015：34.

② 谢智学，王琳，耿彬. 甘肃民族民间体育赛事现状的调查与分析[J]. 甘肃联合大学学报（自然科学版），2013，27（3）：65-68，116.

第一节 体育非物质文化遗产的分类与分布

体育非物质文化遗产是指具有体育文化属性的非物质文化遗产，一般具有健身性、娱乐性、竞技性及观赏性，可以对社会发展产生积极的影响，也可以丰富社会文化生活。

一、体育非物质文化遗产的分类

联合国教科文组织发布的《保护非物质文化遗产公约》对"非物质文化遗产"的定义是：被各社区、群体，有时是个人，视为其文化遗产组成部分的各种社会实践、观念表述、表现形式、知识、技能，以及相关的工具、实物、手工艺品和文化场所。这种非物质文化遗产世代相传，在各社区和群体适应周围环境以及与自然和历史的互动中，被不断地再创造，为这些社区和群体提供认同感和持续感，从而增强对文化多样性和人类创造力的尊重。2011年6月，我国颁布实施了《中华人民共和国非物质文化遗产法》（以下简称《非物质文化遗产法》），这是我国在非物质文化遗产保护方面一部重要的法律。《非物质文化遗产法》对非物质文化遗产的界定借鉴了《保护非物质文化遗产公约》的内容，规定："本法所称非物质文化遗产，是指各族人民世代相传并视为其文化遗产组成部分的各种传统文化表现形式，以及与传统文化表现形式相关的实物和场所。"2012年7月，国家体育总局体育文化发展中心研究部主任崔乐泉在体育文化建设与提升中国体育软实力高级研修班授课时提出："体育非物质文化遗产是指那些被各群体或个人视为其文化财富重要组成部分的具有游戏、教育和竞技特点的运动技

艺与技能，以及在实施这些技艺和技能的过程中所使用的各种器械、相关实物和空间场所。"

体育非物质文化遗产作为非物质文化遗产的下位概念，对非物质文化遗产中具有体育特性的遗产进行了归类，就概念而言，不存在歧义。在实际研究过程中，对于体育非物质文化遗产的分类却出现了诸多争议，主要表现为将具有多种特性的项目或表演艺术、民俗活动、音乐舞蹈等归入了体育非物质文化遗产。2005 年，国务院办公厅发布的《国家级非物质文化遗产代表作申报评定暂行办法》将非物质文化遗产分为传统的文化表现形式（如民俗活动、表演艺术、传统知识和技能等）和文化空间（定期举行传统文化活动或集中展现传统文化表现形式的场所，兼具空间性和时间性）两大类，界定了非物质文化遗产的范围：（1）口头传统，包括文化载体的语言；（2）传统表演艺术；（3）民俗活动、礼仪、节庆；（4）有关自然界和宇宙的民间传统知识和实践；（5）传统手工艺技能；（6）与上述表现形式相关的文化空间。《非物质文化遗产法》将非物质文化遗产分为 6 类：（1）传统口头文学以及作为其载体的语言；（2）传统美术、书法、音乐、舞蹈、戏剧、曲艺和杂技；（3）传统技艺、医药和历法；（4）传统礼仪、节庆等民俗；（5）传统体育和游艺；（6）其他非物质文化遗产。此后，在此基础上进行了更加细化的分类，将非物质文化遗产分为 10 类：（1）民间文学；（2）传统音乐；（3）传统舞蹈；（4）传统戏剧；（5）曲艺；（6）传统体育、游艺与杂技；（7）传统美术；（8）传统技艺；（9）传统医药；（10）民俗。根据体育的特殊性和综合性，体育非物质文化遗产的存在形式也多种多样，根据"国家级非物质文化遗产名录"的分类，被共识的体育非物质文化遗产分为 12 类：舞蹈类（如傩舞、狮舞、龙舞、高跷、秧歌、鼓舞等）、球类（如珍珠球、马球、曲棍球、蹴鞠等）、杂技类（如抖空竹、天桥中幡、云叉会、线狮等）、武术类（如拳术、手法、门派功夫、掌法、射法、器械等）、水上运动类（如羊皮筏子、龙舟等）、射箭类（如传统射箭等）、益智竞技类（如象棋、围棋等）、力量对抗类（如掼牛、摔跤、角力等）、马上运动类（如刁羊、赛马等）、保健养生类（如五禽戏、太极拳等）、举重类（如撂石锁等）、游艺类（如轮子秋、秋千、跳板等）[①]。

民族体育指作为主体的自我对作为客体自身，运用本族群习惯的、有序的、具备一定能量代谢水平的身体行为，主动进行生命塑造的活动[②]。也就是说，人把自己的身体当作对象，对其进行改造，使其向着健康的方向不断迈进。在实现这个目标的过程中，有一个非常重要的因素，就是人的身体行为。这里所说的身体行为不是随随便便的肢体活动，而是需要经过一定练习、拥有一定技能来很好地完成促进健康的专门技术活动。理解了这个概念，可以帮助人们有效地区分什么属于民族体育文化，什么还不具备民族体育文化的属性。

根据上述对非物质文化遗产的分类方法，结合民族体育文化概念，我们将甘肃体育非物质文化遗产分为以下4类：

第一类是民间舞艺类。该类主要以民间舞蹈、社火、鼓类等具有体育特性的舞艺为主。将这些项目归为体育非物质文化遗产是有一定理论依据的：民间舞艺作为民间活动，除能够丰富地方文化外，还能够强健体魄，这类活动没有艺术场景的烘托，所以更加贴近民族体育文化的概念，具有健身性、娱乐性、竞争性及教育性。尤其是非物质文化遗产中的舞艺更多地反映了古代劳动人民在生产劳作之余的休闲生活，这种丰富日常生活的

---

① 李彬. 体育非物质文化遗产的保护路径研究[J]. 南北桥，2019（4）：2.

② 陈青，张建华，常毅臣，等. 民族体育的身体行为研究[J]. 上海体育学院学报，2016，40（4）：83-88.

舞艺就是民族体育活动，所以将其归为体育非物质文化遗产也不为过。例如，兰州太平鼓、甘南锅庄舞、天水旋鼓舞、河西社火等，这些"生于斯，长于斯"的民间舞艺的体育性质甚至高于舞蹈性质。舞蹈更多的是通过优美的舞姿给观众带来精彩的视觉冲击，非专业人员难以达到这种水准，更趋向于做观众；而民族体育项目则以民众切身参与为基础，具有亲力亲为的特征和追求美好生活的意义。

第二类是民俗体育类。《体育科学词典》将民俗体育定义为："在民间民俗或民间文化以及民间生活方式中流传的体育形式，是顺应和满足人们多种需要而产生和发展起来的一种特殊的文化形态。"[①]一种运动风俗包含一个民俗体验模式，当行为变为风俗的时候，也就是行业形成稳定模式的时候。可以将其理解为，在特定区域，人们在日常生活中不经意地采用的身体活动内容，或者是人们习惯了的、渐成风俗的、融合于生活的体育活动。甘肃民俗体育文化是具有甘肃当地民间习俗的群众性文化活动，包含一定的体育元素。例如，博峪采花节、坪定跑马节、夏河香浪节等地方性民俗活动，其中包含了很多体育元素。民俗活动中的体育非物质文化遗产更加贴近于传统社会中人们的日常生活，这些包含体育元素的活动虽在历史舞台上并未形成真正意义上的现代体育，但其以"准体育"的形式出现，丰富了人们的日常生活，使人们从活动中享受到体育所带来的乐趣。

第三类是传统竞技类。传统竞技类主要是指通过专门的身体行为进行的以较量、比试、争先为主要目的的体育活动。甘肃自古就是多民族聚居的省份，在得天独厚的地域优势下，涌现出众多民族传统竞技类体育项目，

---

① 中国体育科学学会，中国香港体育学院. 体育科学词典[M]. 北京：高等教育出版社，2000：180.

这些项目是甘肃非物质文化遗产重要的组成部分。例如，兰州八门拳、通背劈挂拳、四家武术、刁羊、姑娘追、二鬼打架等项目。传统竞技类体育项目是部分有专门技能的群体所进行的活动，服务于欣赏它的民众。由于甘肃地处文化交流通道，多民族聚居造就了多种文化的碰撞与交融，其中不乏竞技性文化。

第四类是仪式体育类。在文化人类学视域下，仪式体育是一种集体性、公开性的文化实践活动，也是一个叙事体系，它是通过身体实践的方式完成叙事的[①]。这类体育非物质文化遗产的分类主要是基于各民族在节日庆典、婚丧嫁娶等过程中所需要的通过身体实践去完成叙事的项目，依附于仪式活动，但又是仪式活动中的重要环节。例如，肃北蒙古族敖包祭祀、裕固族成人礼仪、平凉西王母祭典等仪式，这些仪式带有一定的神秘色彩，在当时的年代汇集了大量民众。

甘肃省第一批、第二批、第三批省级体育非物质文化遗产名录及第四批省级体育非物质文化遗产代表性项目名录见表1-1～表1-4。

表1-1　甘肃省第一批省级体育非物质文化遗产名录

项目名称	目前分布地区	申报地区或单位
高高跷	苦水镇	兰州市永登县
兰州太平鼓	兰州市郊区农村	兰州市
攻鼓子舞	四坝镇	武威市
旋鼓舞	滩歌镇、洛门镇	天水市武山县
巴当舞	中寨镇、维新乡	定西市岷县
尕巴舞	卡现、尼傲、旺藏	甘南州迭部县

---

① 郭军，仇军，敬龙军. 仪式体育的身体叙事解读：以傈僳族"爬刀杆"为个案[J]. 武汉体育学院学报，2017，51（8）：21.

续表

项目名称	目前分布地区	申报地区或单位
巴郎鼓舞	藏巴哇、洮砚、柏林	甘南州卓尼县
文县傩舞	文县	陇南市文县
永靖县傩舞	杨塔、王台、红泉	临夏州永靖县
西固军傩	西固区	兰州市西固区
锅庄舞	甘南州	甘南州
万人扯绳赛	临潭县	甘南州临潭县
兰州羊皮筏子	兰州市	兰州市

表1-2 甘肃省第二批省级体育非物质文化遗产名录

项目名称	目前分布地区	申报地区或单位
民乐顶碗舞	洪水镇	张掖市民乐县
宕昌羌傩舞	宕昌县	陇南市岩昌县
道台狮子	青城镇新民村	兰州市榆中县
太符灯舞	兰山乡、和平镇马家山村	兰州市榆中县
节子舞	永昌县	金昌市永昌县
秦州鞭杆舞	秦州区秦岭乡斜坡村	天水市秦州区
黄河战鼓	白银区四龙镇双合村一带	白银市白银区
崆峒派武术	平凉崆峒文武学校	平凉崆峒文武学校
兰州"天把式"	什川镇、石洞镇、中心乡、忠和镇	兰州市皋兰县

表1-3 甘肃省第三批省级体育非物质文化遗产名录

项目名称	目前分布地区	申报地区或单位
摆阵舞	舟曲县藏族聚集区	甘南州舟曲县

项目名称	目前分布地区	申报地区或单位
永登硬狮子舞	金嘴兰草、中堡何家营城关	兰州市永登县
陇西云阳板	陇西县	定西市陇西县
嘉峪关地蹦子	嘉峪关市	嘉峪关市
背鼓子舞	白银市	白银市
太平鼓（五穷鼓）	白银区	白银市白银区
打花鞭	静宁县	平凉市静宁县
山丹县耍龙	山丹县	张掖市山丹县
刁羊	阿克塞县	酒泉市阿克塞县
姑娘追	阿克塞县	酒泉市阿克塞县
二鬼打架	肃州区	酒泉市肃州区
高台通背捶、八虎棍	高台县	张掖市高台县
秦安壳子棍	秦安县高家山一带	天水市秦安县
天启棍	临夏市	临夏州临夏市

表1-4　甘肃省第四批体育非物质文化遗产代表性项目名录

项目名称	保护单位	申报地区或单位
通备劈挂拳	榆中县文化馆	兰州市榆中县
鞭杆（兰州缠海鞭杆、孙氏鞭杆）	城关区文化馆 靖远县文化馆	兰州市城关区 白银市靖远县
兰州八门拳	西固区文化馆	兰州市西固区
四家武术	民乐县文化馆	张掖市民乐县
博洛	玛曲县文化馆	甘南藏族自治州玛曲县
八卦养生掌	天水市非物质文化遗产保护中心	天水市
秦安蔡家拳	秦安县文化馆	天水市秦安县
清水木人摔跤	清水县文化馆	天水市清水县

二、甘肃体育非物质文化遗产的分布

地埋环境是人类赖以生存和发展的基础，也是文化生态最基础的层次，是人类文化创造的空间条件，它在很大程度上影响或规定了文化的基本风貌[1]。根据甘肃的地形区域特点，综合考虑甘肃的文化历史区位、区域发展战略和整体经济发展情况及自然地理环境等因素，甘肃体育非物质文化遗产的文化项目大致分布在 4 个区域：黄土高原文化区（陇东）、河谷山川文化区（陇南）、黄河文化区（陇中）、河西走廊文化区（河西）。

（一）黄土高原文化区

黄土高原文化区，与陕西省、宁夏回族自治区接壤，庆阳市、平凉市和天水市，拥有众多体育非物质文化遗产。

庆阳市历史悠久，文化底蕴深厚，其基本可以用"红、黑、绿、黄" 4 个字来概括。"红"，即光辉的革命历史；"黑"，即丰富的石油、煤炭、天然气资源；"绿"，即丰富的绿色农产品和子午岭国家级自然保护区旅游资源；"黄"，即以岐黄文化、农耕文化、民俗文化为代表的黄土地域文化。

"红色体育"是中国共产党领导、组织人民群众开展的体育实践活动，以体育锻炼和体育精神为号召，鼓励民众强身健体，保家卫国[2]。庆阳市的红色体育项目具有很强的地域性特点，充分反映了革命时期的红色体育文化，成为庆阳体育事业中的一部分。例如，庆阳市举办的第二届全国红色运动会充分发扬了革命根据地的红色文化，再现了抬担架、急行军、大生

---

① 冯小琴. 甘肃非物质文化遗产的地域特征与人文精神内涵[J]. 西北民族大学学报（哲学社会科学版），2010（6）：141-147.
② 董小龙，王若斯. 红色体育与群众体育发展演进的根基与使命[J]. 北京体育大学学报，2021，44（6）：106.

产的场面，其中包括陇东大练兵、英雄炸碉堡、翻越子午岭、巧儿担架车等红色体育项目。"黑色体育"是矿工为缓解体力支出过大，而有选择地进行的体育活动，包括转陀螺、抖空竹等项目。"绿色体育"指的是依托有利的自然风光开展的体育活动。古时候，人们为了扩大生产在子午岭等地方进行登山、狩猎等活动，从而出现了传统体育的雏形。今天的人们则利用自然景观开展绿色体育活动，如一年一度的"岐黄杯"登山比赛，人们以登山等系列活动继承绿色体育。庆阳的体育非物质文化遗产具有浓厚的黄土文化特性，如荷花舞、庆城徒手秧歌等以欢快的旋律展示出热情的庆阳人民对于美好生活的歌颂。此外，还有公刘祭典、周祖祭典等活动，它们充分表现出庆阳这座城市悠久的历史与深厚的传统文化底蕴。祭典过程中的体育活动既体现了黄土高原的奔放之情，又体现了祭典的庄重，是庆阳人民热衷的活动。

平凉市历来注重非物质文化遗产的发掘、整理、保护工作，近年来取得了一定的成就，力求通过传统文化打造出特色平凉，以期在省内文化圈建设中占据一席之地。

有关平凉的体育非物质文化遗产，最出名的莫过于享誉中外的崆峒派武术。崆峒派武术源于泾渭流域。先民们在与自然环境、凶禽猛兽的斗争中不断总结经验，将击、刺、砍、砸、打等运用在人的搏击技术中，且与道教养生相关联，催生了崆峒派武术[①]。2015 年，平凉市市政府成功举办了首届平凉国际崆峒武术节，主要包括养生论坛、武术比赛、观光旅游等内容，产生了较好的社会影响[②]。

---

① 梁燕飞. 华夏文明传承创新区建设中泾渭流域崆峒武术的机遇与挑战[J]. 体育研究与教育，2016，31（4）：76-80.

② 韩天宇. 甘肃省民族传统体育定位及导向研究[J]. 中国民族博览，2017（8）：66-69.

　　除了崆峒派武术，平凉还拥有众多体育非物质文化遗产，如西王母祭典等仪式活动，体现了中华文化的博大精深；打花鞭、点灯背猴、高抬等项目具有很强的地域特色与历史文化意义。每个项目都有一定的历史典故，成为其传承与发展的内在动力。例如，打花鞭的历史典故来自"西楚霸王"项羽为庆祝攻下城池而挥舞钢鞭，众将士因此纷纷随之。

　　天水市是中国历史文化名城，是中华文明的主要发祥地之一，五千年中华文明光辉灿烂的历史中，积累了极其丰厚的文化宝藏，文化底蕴深厚，文化资源丰富[①]。天水的体育非物质文化遗产也具有自身特色。从地域上来说，天水是西域乐舞与甘、青高原的羌族上风乐舞交流融会的重要地区，更是中原华夏歌舞杂艺与西域杂艺互为影响、孕化的过渡地带[②]。例如，武山旋鼓舞、秦州鞭杆舞、秦安蜡花舞等舞艺类项目既能反映天水悠久的历史文化，又能突出黄土高原文化区人民的真实生活写照。在进行舞艺表演时，人们身着亮丽的服饰，大多以红、黄、绿为主，其配乐更是豪放热情，增添了舞艺的表演效果。秦安壳子棍、八卦养生掌、秦安蔡家拳、清水木人摔跤很有地域特色，天水市每年都会举办"伏羲文化旅游节"，借以宣传、展示天水市的非物质文化遗产，向世界发出"天水声音"。此外，还有张家川回族自治县的"关山花儿会"、清水县的"轩辕文化节"等，众多非物质文化遗产都是通过这样的节庆方式进行保护与传承的，已经在当地形成了浓厚的文化氛围。

---

　　① 刘岩. 天水市非物质文化遗产传承人保护路径探析[J]. 天水行政学院学报，2015，16（2）：117−121.

　　② 余粮才. 简论天水非物质文化遗产资源的保护与开发[J]. 天水师范学院学报，2013，33（6）：78−81.

（二）河谷山川文化区

甘肃南部是典型的河谷山川地貌，属南北气候过渡地带。这片河谷山川地段主要有定西市、陇南市、甘南藏族自治州（以下简称甘南州）和临夏回族自治州（以下简称临夏州），拥有景色秀美的自然风光和人文景观，造就了众多的体育非物质文化遗产，是河谷山川文化的重要组成部分。

定西市具有悠久的历史文化，是中华文明的发祥地之一，拥有石器时代著名的马家窑文化、齐家文化等遗迹，至今仍留存着很多传统文化。定西的体育非物质文化遗产主要分成舞艺类、民俗类和仪式类。从舞艺类项目来看，定西的体育非物质文化遗产注重多民族文化融合。如岷县巴当舞就是藏族、汉族和羌族共同创造的民间舞蹈，既拥有中原文化的古典美，又拥有藏族和羌族的阳刚之美。从民俗类看，拉扎节在河谷山川文化的融合形态下，古人通过民俗活动将各民族聚集起来，共同在拉扎节中祈求来年的风调雨顺。近年来，定西十分注重对非物质文化遗产的保护，为迎接全国"文化和自然遗产日"，2019 年 5 月 27 日在定西市体育馆举行以"非遗保护·中国实践"为主题的非物质文化遗产宣传展示活动，以实际行动对非物质文化遗产进行保护，并在有关部门的带动下传播定西文化，讲述定西故事。

陇南地处甘肃东南部，是甘肃唯一属于长江水系并拥有亚热带气候的地区，被誉为"陇上江南"，自然景观秀丽，历史文化氛围浓厚。

陇南在我国历史上是氐人、羌人生活的摇篮。据《山海经》记载，氐人的先民曰刑天氏，属炎帝部落，由伏羲繁衍而来，很早便以仇池山为活

动中心，把仇池山视为发祥圣地①。陇南地区的民间舞蹈具有神秘的宗教色彩，其舞蹈的表现形式剽悍，常出现于古代的宗教活动之中。如宕昌羌傩舞就是羌族、藏族的民间舞蹈，参与者戴着具有神话色彩的面具，身着民族服饰，配有法器，在音乐的引领下进行舞蹈，祭祀凤凰山神，希望保佑当地人畜兴旺，平安和顺。另外还有文县傩舞，主要以陇南的白马藏族为主，一般分为7人、9人、11人的表演，有祭祀祖先和山神的仪式，也有场坝中的表演，还有走街串户的祝福表演，可见其文化表现形式之多样②。此外，陇南地区还有"臭楼沙""扯保打沙"这样的群体性活动，丰富了当地人民的文化生活。但随着时代的更迭，这些传统的体育活动早已无法适应现代人的生活，逐渐淡出人们的视野。

甘南州位于甘肃西南部，地处青藏高原与黄土高原过渡地段，拥有广阔的草原。体育非物质文化遗产众多，这与藏族人的能歌善舞、性格奔放密不可分。甘南州体育非物质文化遗产舞艺类项目有锅庄舞、多地舞、尕巴舞、巴郎鼓舞等，代表着欢快与喜庆，成为当地人民日常生活中必不可少的活动。这些项目都体现了人与自然的和谐相处，展示了山川湖海对人们的恩惠，流露出人们对自己家园的赞美之情。另外，万人扯绳赛、拔腰、跑马、射箭、藏式摔跤等，体现出藏族人民的智慧与运动方面的天赋。

位于甘南州的临潭县（原划为新、旧二城），古称洮州。每年的正月十四至十六日晚上，人们都要在旧城举行万人扯绳赛，其历史悠久，至今盛

① 赵俊川，赵琪伟. 陇南非物质文化遗产独特性的理论探讨[J]. 绵阳师范学院学报，2012，31（7）：76-78.

② 蒲向明. 论陇南白马藏族傩舞戏的文化层累现象[J]. 中南民族大学学报（人文社会科学版），2011，31（2）：69-73.

行不衰①。每逢举办万人扯绳赛时，周边的民众纷纷前来参与，没有人数上的限制，也没有民族的界限，因而在当地形成了颇具规模的"扯绳"盛会。2007年元宵节的万人扯绳赛上所用的扯绳，长1800多米，重约8吨，其制作耗时一个多月，"龙头"直径为16.5厘米，"龙尾"直径为6厘米，扯绳动用起重机耗时12小时平铺在路面上。此次万人扯绳赛参加人数达到15万之多，扯绳人数8万有余，是迄今为止临潭600年扯绳史上绳之最重、直径最大、长度最长且人数最多的扯绳比赛。几百年来，万人扯绳活动以其特有的恢宏气势吸引着不同民族、不同年龄的人前来参与，体现出强大的文化软实力②。

甘南州的中国玛曲格萨尔赛马大会已开展多年。玛曲县被评为中国赛马之乡，是甘肃省规模最大的少数民族体育赛事品牌③。甘南民族体育源远流长，生活在这里的各族人民在长期的生产劳动过程中创造出了样式独特、丰富多彩的集体和个人竞技体育运动项目④。

临夏州位于甘肃中部西南，东临洮河，与定西市相望；西倚积石山，与青海省毗邻；南靠太子山，与甘南州搭界；北濒湟水，与兰州市接壤。临夏州有众多少数民族，其中回族、东乡族、保安族形成了一定规模的聚居区。由于交通不便，文化闭塞，这里丰富的民族民间文化得到了极大的保护，形成了具有地方特色的非物质文化遗产，其中体育非物质文化遗产众多。例如，东乡族人人喜唱"花儿"民歌，曲调高亢嘹亮，自由奔放。

---

① 刘生文. 临潭"万人拔河"古今谈[J]. 体育文史，1992（6）：33-36.

② 雷慧. 甘肃临潭万人拔河活动的特征及价值探析[J]. 西北民族大学学报（哲学社会科学版），2013（3）：145-148，156.

③ 韩天宇. 甘肃省民族传统体育定位及导向研究[J]. 中国民族博览，2017（8）：66-69.

④ 杨英杰. 甘南州竞技体育非物质文化遗产保护研究[J]. 甘肃科技纵横，2009，38（1）：172-173.

每年秋天，村民们都会举办各种文艺、竞技活动，如"吉咕都"（也叫"别烈棍"，是东乡族青少年非常喜爱的一项传统体育活动）与"耍火把"[1]。永靖县傩戏、和政秧歌等舞艺项目，将民族文化、地域文化、宗教文化紧密结合起来，以欢快的形式丰富着人民的生活。从这些舞艺的表现形式来看，其与甘南州、陇南市、定西市有一定的相似之处，整体上突出了河谷山川文化，映射出人民真实的幸福生活。另外，河州天启棍、河州木球、河州压走骡、临夏赛马、夺腰刀等传统竞技项目，同时兼具一定的技巧性，以体育的形式存在于民间，丰富了人民的幸福生活。

（三）黄河文化区

甘肃中部是典型的黄河文化区。黄河这条"母亲河"影响着兰州和白银这两座城市，诞生了众多的非物质文化遗产，既能体现黄河文化，又能为劳动人民增添乐趣，是黄河文化中重要的一部分。黄河文化区是甘肃政治、文化、经济中心，拥有丰厚的文化底蕴。从自然地理环境上来说，陇中地区是青藏高原、内蒙古高原和黄土高原三大高原交会之地，且位于黄河上游，河流、河谷众多，便于聚居，人口较多，复杂多变的地理环境形成了风格迥异的生产生活方式。

兰州是甘肃省省会，"丝绸之路"上的经济文化重镇，具有浓郁的历史文化氛围，创造了绚丽多彩、特色鲜明的历史文化[2]。兰州的体育非物质文化遗产主要以中原文化、黄河文化为主，表现形式多种多样，体现了兰州市悠久的历史文化和人民群众顽强的生命力，如具有典型黄河文化特色的

---

① 杨平世，祁燕琴. 甘肃省世居民族体育的发展现状探究[J]. 体育科技文献通报，2019，27（7）：30，74，136，150.

② 王肃元，李巧玲. 兰州市非物质文化遗产的保护及开发[J]. 兰州大学学报（社会科学版），2014，42（6）：142–146.

羊皮筏子，它是黄河上游两岸先民因陋就简、因地制宜、就地取材制作的交通工具，也是少数民族游牧文化与中原传统文化融合的体现。2008年5月，为喜迎奥运，兰州市举办了规模盛大的羊皮筏子漂流赛。随着一声令下，25架羊皮筏子在"筏子客"吼着"千年筏子百年桥，万里黄河第一漂"的西北豪放号子中展开比赛①。短短十余载"羊皮筏子"却随着"筏子客"的呼喊声渐渐地离人们的生活越来越远，以至于难以重现当年的壮观场面。

节庆活动中，太平鼓、道台狮子、马啣山秧歌、永登硬狮子舞等将竞技美融入舞蹈，很好地诠释了竞技美，更能体现出深受黄河文化影响的兰州儿女的朝气蓬勃。

白银市位于甘肃中部，因与省会兰州接壤，其地域文化深受兰州的影响。白银的体育非物质文化遗产也深受黄河文化的影响，如黄河战鼓、跳鼓舞、太平鼓等，在表现过程中强调肢体的强劲有力，给人一种振奋人心的感觉。近年来，白银市对于体育非物质文化遗产越来越重视，在传统节日期间，政府部门都会牵头进行体育文化会演，主要以民间舞艺为主，彰显白银市的优秀传统文化，这成为白银市人民日常生活的重要组成部分。2019年2月18日，甘肃非物质文化遗产黄河战鼓为广大市民送上新春祝福，人们听到雄浑激荡的鼓点、铿锵有力的鼓声，感悟到黄河文化的自强不息。每逢佳节良辰，白银市民都会看到跳鼓舞和太平鼓的表演；由政府部门统一管理的社火队伍也会上街表演，增添节日的喜气。

---

① 谢智学，郭宏远."非遗"保护视角下民俗民间体育文化传承与发展的思考：以甘青黄河流域"羊皮筏子"漂流活动为例[J]. 甘肃高师学报，2018，23（2）：128-132.

（四）河西走廊文化区

从文化地理区位来看，河西走廊处于我国古代蒙古文化圈、青藏文化圈的交汇地带，也是中原文化、西域文化的交织区域。河西走廊具有重要的战略意义，也流露出东西方文化的交融痕迹。

不同民族及其文化的相间分布，使民族融合与文化整合持续而大规模地发生，河西文化因此而异彩纷呈。例如，河西走廊的政治中心凉州（今武威）自古就是"丝绸之路"重镇、东西经济文化交流和民族文化交汇中心，有"五凉古都""中国旅游标志之都""中国葡萄酒城"之美誉。"武威"因汉武帝开疆拓土，武功军威到达而得名。

众多民族在此创造了绚丽多彩的非物质文化遗产，凉州贤孝、华锐藏族民歌、河西宝卷、凉州攻鼓子舞、格萨尔、西凉乐舞等一大批非物质文化遗产为武威增添了无穷的魅力①。

从武威市的地理位置可以看出，它自古就是战略要道，既是多元文化交融的通道，又是兵家必争之地。纵观河西走廊的历史长河，武威具有很强的军事色彩，这在体育非物质文化遗产中也能表现出来，如攻鼓子舞融合了传统腰鼓和太平鼓的特征，表现形式更加豪放，舞者身着武士装扮，具有很强的古代战事景象。每年的正月十五前后，民间自发组织的攻鼓子舞团队会融入社火团，与大家一同庆祝节日。与其他项目不同的是，攻鼓子舞经常是十几支队伍一同进行表演，民间称之为"会鼓子"。"会鼓子"场面十分壮观，几百人敲着统一的鼓点，迈着整齐划一的步伐，浩浩荡荡行进，引来民众驻足。此外，武威自古便是游牧民族长期生存之地，保留

---

① 许春华，王曦，晋艺波. 非物质文化遗产旅游产业化价值评价体系构建实证研究：以武威市为例[J]. 通化师范学院学报（人文社会科学），2018，39（2）：31-40.

了很多游牧民族的风俗习惯。游牧民族过着"逐水草而居"的游牧生活，骑马、射箭等是他们生活中必不可少的生存技能。时至今日，在武威市天祝藏族自治县还能领略到游牧民族的生活方式。他们经常会在当地举行赛马会，吸引周边省（区、市）市的游牧民族前来参赛，是游牧民族的文化盛会。藏族的摔跤一般会在比赛前选好对手，在围观者的吆喝声中出场较量。其形式上有"活跤""死跤"之分。比赛过程中，如有一人被摔倒，就为一"绊"结束，连"绊"三次，以二为胜[①]。此外，武威的狮子舞、赛马会等非物质文化遗产体现了传统社会农耕文化与游牧文化的融合。

张掖市因"张国臂掖，以通西域"而得名，是古代"丝绸之路"上的一颗明珠，其悠久的历史、灿烂的文化、秀丽的山川、淳朴的民风[②]，孕育出众多体育非物质文化遗产。例如，民乐顶碗舞将武术与杂技结合起来，舞蹈所需器材又是人们生活中常见的碗，与人们的生活紧密联系，表现出多元文化的特征。

此外，还有甘州社火、山丹耍龙、高台通背捶等项目，其技术动作、穿着打扮、表演器材都带有一定的西域文化色彩，体现了中原与西域文化在河西走廊的碰撞与融合，对民众的生活也有一定的积极影响，创造出众多优秀的历史文化。

少数民族地区还拥有很多特色民族传统体育项目，如裕固族的摔跤、拔棍、赛马、顶杠子等项目，体现了游牧文化、农耕文化与中原文化的融合。肃南裕固族自治县每年都会举办民族歌手大赛、传统体育竞技、文化

---

① 王海军. 民族传统体育文化的传承发展与保护研究[M]. 长春：东北师范大学出版社，2017：63.

② 雒庆娇. 甘肃省少数民族非物质文化遗产保护研究[M]. 北京：商务印书馆，2015：44.

庙会、草原游览、民俗活动等大型民族传统文化盛会[①]。每年8月份的赛马大会充分体现出游牧民族的精湛骑术。整个张掖地区最具特色的传统项目莫过于高台县的龙舟赛，在"北人善骑"的地域中实现了龙舟文化的交流通。高台县大湖湾龙舟赛已举办多届，赛事的规模和影响力逐年扩大，是整个河西走廊最具特色的赛事。

嘉峪关市位于河西走廊中部，是古代"丝绸之路"的要地，也是万里长城的最西端，是长城文化与丝路文化的交融点。这样的历史文化名城蕴含着具有深厚底蕴的民间活动。例如，嘉峪关地蹦子，民间也称"老社火""跑打场""秧歌子"，其表现形式主要是边唱边跳，其中的说唱内容十分丰富，既有对民间真实故事的记载，又有对美好未来的憧憬，它能成为当地居民热衷的活动有两方面原因：一方面是荒凉的戈壁滩需要热闹的活动来衬托气氛、丰富的活动来调节枯燥的生活。另一方面是这种世代相传的民间习俗，可将人们对天地的敬畏之情以活动的形式表达出来；嘉峪关人民热情好动，每到重大节日都会举行此类活动以表达喜悦之情。

酒泉市位于甘肃西北部，与内蒙古自治区、新疆维吾尔自治区、青海省接壤。在历史上，它既是中原文化的输出口，又是西域文化、多民族文化的聚集地。这里的体育非物质文化遗产种类丰富，项目形式多样，文化氛围浓厚。例如，哈萨克族的民族传统体育项目将北方游牧民族的生活方式展示了出来，充分表现了游牧文化，并将草原上的真实生活写进了历史。阿克塞哈萨克族自治县的赛马会已成功举办六届，成为哈萨克族民族文化展示的舞台。赛马会除赛马项目外，还有备受人们喜爱的"姑娘追"和"刁羊"表演，成为阿克塞哈萨克族自治县最具民族风情的文化盛会。"姑娘追"就是将传统竞技、民族风俗、民族生活结合起来，以独特的文化表现

① 孟文. 甘肃张掖民族民间传统体育研究[J]. 体育科技, 2017, 38 (4): 70-72.

出来。

酒泉市很注重传统文化的保护和传承。例如，2017 年 9 月，肃北蒙古族自治县首届"丝绸之路那达慕"文化旅游节开幕，摔跤、赛马、射箭等传统项目是文化旅游节中的重要环节，也是对体育非物质文化遗产保护的有效措施。另外，还有"赶驴""福禄车"等民间体育活动，充分体现出河西走廊的戈壁文化，是当地民间活动中必不可少的内容。

第二节　体育非物质文化遗产的地域文化特征

甘肃跨越悠久的历史，拥有独特的地理位置。它不仅是古代各国陆路往来的必经之地，也是世界文化交汇的前沿地带，拥有丰富的文化资源[①]。民族构成、自然环境、行政归属、文化区域等因素影响着体育文化区的形成，在这样的复杂体系内，甘肃体育非物质文化遗产在文化变迁与传承中显露出自己特有的地域文化特征，主要表现为以下几点。

一、质朴的地域性

非物质文化遗产反映着人们的思想情感、道德观念、信仰意识、价值取向、风土人情和民俗文化，是历史的积累和文化的积淀。甘肃体育非物质文化于民间生根发芽并延续发展，是民间文化与信仰的综合体现。体育来源于人们日常生活、生产实践，不同的生活方式与生产方式造就了不同的体育形式，地理位置如此特殊的甘肃，其地域性特点更为突出。

---

① 马廷魁，朱杰. 地域文化传播中文旅结合模式的多维度优化：以甘肃省丝路文化推广为例[J]. 新闻论坛，2018（2）：92−94.

甘肃地域分为 4 个文化区域，其中河西走廊由于早期是东西方文化交流与中外贸易合作的重要"走廊"与"通道"，受到广泛重视，戈壁、草原、绿洲相间分布的河西绿洲在荒凉的西北大地上为人们的生产生活提供了理想的生存条件。据《汉书·地理志》记载："地广民稀，水草宜畜牧，故凉州之畜为天下饶……吏民相亲。是以其俗风雨时节，谷籴常贱，少盗贼，有和气之应，贤于内郡。"《后汉书·孔奋传》："时天下扰乱，唯河西独安，而姑臧称为富邑，通货羌胡，市日四合，每居县者，不盈数月辄致丰积。"然而，也正是河西地区的富足使其成为兵家必争之地，连年战乱使该地区体育文化极具军事色彩，如武威攻鼓子舞，又称"凉州攻鼓子舞"，起源于军事兵家阵法，是汉唐军旅出征乐舞的遗存。据传，汉武帝时，河西匈奴部落由浑邪王和休屠王分管河西，霍去病带领军队打败了浑邪王，对休屠王却久攻不下，此时一名汉将出计将短兵器藏于鼓中带进城内，里应外合取得了胜利，因而将鼓命名为"攻鼓子"。又传苗庄王的军队因为战斗失利面临全军覆没的危险，他们将兵器藏于鼓腹，乔装打扮成社火队进行表演，乘敌方不备取得胜利，遂起名为"攻鼓子"。攻鼓子舞所用的鼓呈直筒形，鼓身涂为红色，鼓面绘有太极八卦图，鼓槌多由红柳木和枣木制作而成，根部缀有红黄两色绸带。表演时，队伍一般由 12 人组成，由 1 人担任总指挥，当变换鼓点、队形时，其他人要看总指挥的动作。攻鼓子舞表演威武雄壮，让人似乎置身于金戈铁马之中。当地庙会祭祀、节日庆典及每年正月闹社火时，攻鼓子舞表演者都会走街串巷表演，场面宏观壮美。

以体育非物质文化遗产为依托的民间体育文化，其传承大多采用口口相传、集体参与、耳濡目染等方式，在其适宜的生态环境中传衍，从而千变万化，具有浓郁的地域性特征。除此之外，地域性还表现为同一地区、同一体育项目由于开展地点不同而具有方式和方法的差异，这些差异可谓

千姿百态，即"千姿"的技术动作风格、"百态"的运动形式，构成了地域属性的"基因"。例如，文县傩舞、宕昌羌傩舞、兰州西固军傩、临夏永靖傩舞处于甘肃不同的文化区域，虽然其内涵都是以舞艺来祈求幸福生活，但是在不同的地域形成了具有各自地域特色的艺术表现形式。文县傩舞又称文县池哥昼，是白马藏人春节时的祭祀性舞蹈，一般由多名男性分别扮演山神（又叫"池哥"）、菩萨（又叫"池姆"）、夫妻（又叫"池玛"）、猴娃子（又叫"池玛焉板"），主要是反映原始狩猎的紧张场面，并借此敬神。宕昌羌傩舞在宕昌县俗称"脑后吼"，是藏族男性的舞蹈。既可以在节庆、丰收和祭祀时表演，又可以用来驱赶邪恶。每当村子遇到自然灾害、疾病或野兽的侵袭，族人"苯苯"便组织跳宕昌羌傩舞，以驱除鬼怪，并祈祷村内风调雨顺、五谷丰登。其动作简单、粗犷，均来源于他们的日常生活，能够体现羌族、藏族在与自然界相处时的艰辛。兰州西固军傩源于原始狩猎，是由"巫舞"演化而来的，后主要用于军队出征祈求凯旋的大型仪式。军傩舞有别于其他傩舞，主要是因为军傩舞人数众多，场面壮观。军傩舞主要反映黄帝统领众神与蚩尤作战时"冲破四门""旗开得胜""乘胜追击"等壮观场面，以此来预示狩猎、征战凯旋。临夏永靖傩舞，民间俗称"七月跳会"，是集歌唱、舞蹈、戏剧于一身的祭祀性舞蹈。永靖傩舞队由旗手、锣鼓、面具等 60 多人组成。由于靠近黄河，深受黄河文化的影响，其展示过程以粗犷豪迈为整体风格。

二、互融的文化性

甘肃自古以来就是多民族、多文化分布地区，独特的历史人文区位使其成为不同文化发生并迭代的典型地区。时至今日，民族文化的交流与整合依然在不同地域、不同层次上持续着。该地区既是藏传佛教文化、汉传

佛教文化、道教文化与伊斯兰教文化的聚集地，又是回鹘文化、吐蕃文化、蒙古文化、西夏文化的汇聚地。据《甘肃省志·民族志》记载，有50余个民族在此繁衍生息，其中少数民族聚集地主要有临夏州、甘南州、天祝藏族自治县、肃南裕固族自治县、肃北蒙古族自治县、阿克塞哈萨克族自治县、东乡族自治县、张家川回族自治县、积石山保安族东乡族撒拉族自治县等。例如，甘南州合作市体育非遗项目"哈钦木"本为鹿舞，包含圣者劝化猎人不要杀生的意思，是藏族寺院"七月法会"（柔扎）的一个组成部分，也称"米拉劝法会"。表演者头戴雄鹿面具，身着璎珞飘带服装，右手持三棱火焰刀，左手携骨杯，腰系铃铛。在节奏紧密快速的乐器伴奏下，跳跃、旋转，动作极其奔放、干练。"哈钦木"用于祈求风调雨顺、五谷丰登，其中不乏身体活动的成分，与民族体育存在必然的联系，是民族体育舞蹈的基本素材之一。

各民族都有自己特定的生存空间，该空间的人文环境和自然环境对本民族影响深远，各环境要素对民族文化的形成与发展起着重要作用，是本民族文化区别于其他民族的关键所在。

三、务实的生活性

马克思说过："人们为了能够'创造历史'，必须能够生活。但是为了生活，首先就需要吃喝住穿以及其他一些东西。因此第一个历史活动就是生产满足这些需要的资料，即生产物质生活本身。"[①]人类早期体育文化的衍生和发展与人们的生产生活息息相关，甘肃体育非物质文化遗产就内容而言，主要反映了该特定地域、特定民族的历史、生产与生活。所谓务实

---

① 中共中央马克思恩格斯列宁斯大林著作编译局. 马克思恩格斯选集：第一卷 [M]. 3 版. 北京：人民出版社，2012：158.

的生活性,概括而言即在生活中进行、传递生活知识、满足生活需要。在各个体育非物质文化遗产项目中,或多或少可寻到人们日常劳作的真实生活的影子。人们依靠自己的智慧与勤劳,利用简单的生产器械、劳作方式等,创造性地开发了能够消遣娱乐、强身健体的体育活动。

流传于甘肃庆城的徒手秧歌,是产生于田间地头的一种歌舞,因耕作劳动强度较大,需长时间弓背弯腰,为了缓解疲劳,休息时人们就地扭动起来。其特点是演员演出时不拿任何道具,表演难度较大,表演时要变换各种队形,聚散分合、动静有序,妙趣横生,显示出浓郁的农耕文化特征。

除此之外,流传于甘肃武山的国家级非物质文化遗产项目旋鼓舞,俗称"羊皮鼓舞"或"扇鼓舞",起源于远古时生活于此的以牧羊为主的羌族,由驱赶野兽、保护牛羊的活动演变而来。旋鼓舞的动作粗犷奔放,旋转自如,阵容恢宏,场面壮观,充分显示出西北人的剽悍和勇敢。旋鼓舞在表演中所使用的道具称为旋鼓,鼓面直径47厘米,加上槌柄共长78厘米,重约2千克,鼓面上绘有太极八卦图。旋鼓槌柄由把手和两个铁环组成,末端的两个铁环和鼓面被称作"大三环",在槌柄末端坠着9枚形似古币的铁环,俗称"九连环",寄托着先祖一统九州的美好意愿。鼓槌长50厘米,直径约1.5厘米,上面系由毛线和鬃毛制成的装饰物,末端系有30~40厘米的彩带。分为4节,象征着一年中的四季。表演者手持一面三角形旗子,旗长65厘米,红底白边,扎有黄色布条,寓意生活红红火火。由于族鼓鼓面以羊皮制成,羊皮放置时间较长会吸水变潮湿,鼓面会松弛,表演前夕,表演者会烧一堆麦草,并围之用火烤鼓,边烤边击响鼓面。在武山地区,旋鼓舞表演时间为每年端午节前夕,若有两支旋鼓舞队相遇,还会进行"斗鼓",若一方节奏被另一方带乱即为失败。

如果说旋鼓舞似乎与生活相去较远,那么兰州的羊皮筏子则是以往人

们生活中离不开的交通工具。兰州羊皮筏子是居住于黄河两岸的兰州人民从清代至今沿袭下来的独有的交通运输工具。从清代乃至其后的数百年间，羊皮筏子主要担负着载人、运输货物的功能，其主要由数 10 个整张羊皮脱毛吹气膨胀后，捆绑在"井"字形的木杆上制成。就地取材的筏子体积小而轻，吃水浅，不同于以木料制作的舟或船，十分适宜在黄河上航行。随着社会的发展，其交通运输功能已不复存在，但旅游业的兴起使得乘坐这一古老的交通工具成为兰州的重要特色旅游项目，并成为一种典型的黄河民俗文化现象。

四、生动的艺术性

艺术性是甘肃体育非物质文化遗产中不可忽视的特征之一，多数体育活动在其表现形式中离不开舞蹈与音乐的配合。其实，就体育的起源而论，多数原始体育活动与舞蹈、音乐结伴而生。在甘肃体育非物质文化遗产名录中不难看出，兰州太平鼓、凉州攻鼓子舞、武山旋鼓舞、舟曲多地舞、卓尼巴郎鼓舞等都具有艺术性，并将舞蹈与音乐融入其中。以舟曲多地舞为例，这种流行于甘肃甘南州舟曲县的藏族传统体育舞蹈，是藏文化与羌文化融合的产物，其融诗、歌、舞为一体，一般在岁时节庆及祭祀、丰收等喜庆场合表演。舟曲多地舞根据表现形式和地域特征，主要分为"赖萨多地舞""贡边多地舞"等十余种。在舟曲多地舞保存较好的地区，具有比较完整的表演模式，主要包括"多地""嘉让""甸录"三部分。"多地"以表示祖先开天辟地的动作（头顶三下、脚跺三下）起始，之后依次表现日月星辰、山川湖海的来历，歌唱自然美景，并颂扬这些自然景象对民族的好处。其舞蹈动作以平挪顿步、旋转摆腿为主。"嘉让"是以妇女为主的集体舞，跳时携手成圈、腾足于空、顿地为节，一人摇铃领唱，大家和声或轮流和唱，其词多是充满喜庆的大歌、颂歌。"甸录"为结尾歌舞曲，圆圈散开为两排，或赞美家乡，歌唱山川景色，或抒发美好生活；也有恭颂贵宾、祝贺吉祥的内容。

五、活态的传承性

体育非物质文化遗产活态传承是基于体育非物质文化遗产的活态性、流变性、功能性、本土性特点，在适应社会经济文化环境的前提下，通过传承人及传承群体对体育非物质文化遗产项目进行适度创新，并在社会的共同参与下，使非物质文化遗产传统文化功能及项目技能实现代际间的纵向传递，并回归本土民众文化生活的一种传承方式[①]。活态的传承性是体育非物质文化遗产最本质的特征，其形成、发展、演变和传承都离不开人，而人是有意识、有创造力、有生命力的动态存在，具有最明显的动态和活态性特征。

体育非物质文化遗产的活态性具体表现在 3 个方面：第一，体育非物质文化遗产主体的活态性。体育文化是由人类创造并通过人类活动表现出来的，体育非物质文化遗产则是数千年人类智慧和辛勤劳动的结晶，不同的人在不同时期、不同空间通过不同的活动创造或表演不同的文化内容，因此形成了各具特色的门类派别。第二，体育非物质文化遗产传承过程的活态性。随着时代的变迁以及人类生产生活方式与体育文化观念意识的改变，世代相传的体育非物质文化遗产也会随着主体的改变而改变，在动态的时空里形成、发展、演变、延续甚至消失，整个传承过程是活态的。第三，体育非物质文化遗产传承方式的活态性。体育非物质文化遗产没有物质实体，它存在于人们的行为、意识、动作和言语当中，这种特殊体育活

---

① 崔家宝，周爱光，陈小蓉. 我国体育非物质文化遗产活态传承影响因素及路径选择[J]. 体育科学，2019，39（4）：12-22.

动的动态的存在方式决定了其传承方式的动态性。文本和视频等资料仅保留了体育非物质文化遗产的外形而难以体现其精髓，无法达到传承的目的，因此，非物质文化遗产的知识、技能需要通过传承人亲身示范、口传心授，传承者耳濡目染、模仿、学习等一系列动态过程来实现传承。

六、广泛的参与性

甘肃体育非物质文化遗产项目从本质上来讲都是民众参与广泛的运动项目。在体育非物质文化遗产项目长期发展、演变与丰富的过程中，各项活动趋于稳定且具有广泛的民众基础，其传承也需要民众参与其中。例如，距今已有 600 多年历史的甘肃临潭县体育非遗项目——万人扯绳赛，实际上是一种大型拔河比赛，在每年正月十四至十六晚上举行。该活动源于明朝古洮州（今临潭县）临洮军中的强体游戏，以其绳之重量最重、直径最大、长度最长且人数最多而著名。清代光绪年间的《洮州厅志》对此民俗体育活动有翔实的描述："旧城（现临潭县城关镇）民有拔河之戏，用长绳一条连小绳数十，千百人挽两头，分朋牵扯之。""其俗在西门外，以大麻绳挽作二股，长数十丈，另将小绳连挂于大绳之中，分上下两股，两钩齐挽。少壮咸牵绳首，极力扯之，老弱旁观，鼓噪声可撼岳，为上古牵钩之遗俗。"参赛的各族群众沉浸在狂欢的氛围之中。该习俗体现了劳动人民勇敢的尚武精神和民族气质，有凝聚民心、维系团结的作用。除了这种大规模的项目，该地区很多体育活动都具有全员参与的特征，参与者有体育活动的主角，也有忠实的观众。

七、体系的脆弱性

甘肃体育非物质文化遗产体系的脆弱性主要体现在高度生态化、意识无形化。传承是甘肃体育非物质文化遗产发展的关键，后继无人、传承条件复杂等都会使其面临消失的危机。随着信息化时代的到来，以本民族生活、生产方式为依据而生的民间体育活动受到外来文化的侵扰，现代工业机械的出现逐渐取代了游牧民族原有的草原放牧生活。如今，牧民们骑着摩托、开着越野车放牧，在危害草原生态环境的同时，对当地民族体育文化产生强烈的冲击。另外，民族体育自身存在着项目体系不完整、技术结构不规范等问题，有部分内容尚处在萌发状态，随意性很大。这些因素综合地影响着民族体育项目的稳定。如今，本土传统文化很难吸引年轻人的目光，加上各地区均有不少外出打工、求学的人，孕育民族文化的自然空间很难在异域建立，长此以往，人们的民族体育文化观念会随之淡化，民族体育文化的民族性内涵也会难以传承，这些民族体育项目也自然会从大众视野中淡出。意识无形化是指体育非物质文化遗产存在于人们的思维之中，并随着人们思维的改变而改变。因此，体育非物质文化遗产必须依附一定的实体才能延续，需要传承人言传身教，将知识或技艺传给接班人，否则就会失传。除此之外，在经济大潮的席卷下，巨大的生活压力使人们整日为了生活而奔波忙碌，没有人愿意去花费时间来了解体育非物质文化遗产，传承的重任几乎都落在了各地区专业传承人的肩上。迭代传递困难、文化断层等问题都体现了甘肃体育非物质文化遗产体系的脆弱性。

第二章

甘肃体育非物质
文化遗产保护的历程

　　非物质文化遗产是祖先留给后人的具有实际意义的文化记忆，这种记忆包括民间文学、音乐、舞蹈、戏剧、曲艺、体育、游艺、杂技、美术、技艺、医药、民俗等内容。与体育相关的非物质文化遗产也并非只有传统体育与游艺两种，传统舞蹈及民俗活动中也有可能包含体育非物质文化遗产的元素。民间的传统体育项目更多地融合于其他文化实体之中，具有与其他文化实体难以分割的属性，如传统民俗活动中就包括了很多传统体育元素，在非物质文化遗产项目中也是"你中有我，我中有你"。

　　随着时间的推移，体育逐步形成了具有独立体系的身体文化，其整个过程是漫长的，不同体育项目的体系化程度各不相同。比如，现在依然能看到马上运动项目与当时生产劳动的密切联系，拉爬牛（大象拔河）仍然保留着驮运物品的痕迹。要区别体育是否已经成为具有独立体系的身体文化，只需要看看现行的体育是否能够在生活中发挥具体作用便可知晓。赛场中跑圈竞速的赛马不能产生任何生产效益，两两背对较力的拉爬牛无法将沉重的物品送到目的地。这些项目之所以走向独立，是因为人们不断对技术进行改造与完善，将原本生产和生活性的动作改进加工，并对这些技术进行系统化的拓展，使原本单一的动作逐步发展成具有连续性的动作组合。在此过程中，体育开始将健身、修德、娱乐、交往等作为追求的目标，将身体行为作为文化的载体，由此，体育有了不可替代的独立性。

　　首先，体育是对个体的蓄能。以体能为主的时代，体能的强弱直接决定着一个部族的存亡。生产效率与体能密切相关，在缺少外部能源支持的情况下，古人就是通过身体能量来提高生产效率的。例如，流行于甘肃省阿克塞哈萨克族自治县一带的刁羊活动，是当地民族重要的传统体育项目，哈萨克族聚居区的居民以畜牧业为主，牲畜肉食、畜奶等为其主要食物，牛、马等牲畜为主要交通工具。因其日常生产、生活多依赖牲畜，掌握捕

获驯化这些牲畜的本领便显得尤为重要。刁羊是考验当地牧民骑马技术与套羊技术以及其他综合能力的传统体育活动之一，是当地牧民们进行勇气、胆识、马技较量的竞技游戏，同时也能提高他们对抗恶劣天气以及与凶猛禽兽搏斗的能力。每逢节日与庆典，牧民们都会盛装参加的通过不断实践这种体育活动，使牧民获得猎物的本领得到提升，也是牧民对生产生活进行个体蓄能的体现。

其次，体育起到了群体的娱乐交往作用。体育活动本身具有娱乐性，促进了社会交往。在人类社会早期，人们休闲时间充裕，各种形式的身体活动便成为人们进行娱乐的主要方式。一个族群，在地广人稀的地域，以身体活动为主的娱乐是增进群体间互动的良性方式，对于促进人际交往也发挥着重要作用。甘肃是一个多元文化汇集的地区，早在汉朝时期，这里就是文化交融之域，除物质的沟通交流外，身体行为也是极具亲和力和广泛性的沟通方式。在古代，河西走廊作为通往西域的要道，与北方游牧民族有着广泛的交流。北方游牧民族擅长骑马射箭，他们的战士在作战时均配有弓箭，使用轻刀快马，这种战争作风大大影响了当地的族民，使当地逐渐形成了彪悍的娱乐、竞技风俗。因此，河西走廊地区的居民受其影响常以马术、射术以及摔跤等方式进行娱乐消遣，久而久之，便形成了尚武的休闲娱乐精神。

最后，体育起到了对族群的保护作用。当族群受到威胁时，身强体壮、有着过人技能的人在冲突中会具有一定优势。族群的首领也清晰地认识到，一个族群的生存与发展，与族群中人的体质密切相关。正所谓闲时体育，战时征伐，平日里的身体活动不仅能强身健体，还能提高族群的人员协调能力和群体征战能力。族群的首领常常通过各种方式组织成员进行身体活动，以此加强族群凝聚力，为保卫家园做好准备。如很多考验骑术的马上项目，或是相互较量的摔跤与武术，还有射箭、投掷等传统体育项目，都是族群生存技能的延续和提升。即使没有战事也能够保持战斗的身体状态与精神状态，达到保护族群的目的。诸如骑马、射箭等指向明确的传统体育项目可以直观地表现出对于族群的保护目的，而武山旋鼓舞则以另一种方式体现了对于族群安全的保护：早期牧羊人常常受到饿狼等猛兽的袭扰，勇敢强壮的牧羊人便带头用羊皮鼓震慑以免遭受伤害，久而久之，便形成保护族群的旋鼓舞；另说，人们在旋鼓舞表演时模仿人面蛇身的伏羲行动的样子，甩头禹步，击鼓敬神，通过这样的方式祈求风调雨顺，希望族群得到神明的佑护；还有一种军事起源说，说是以旋鼓舞中的鼓槌为箭，鼓面为弓，旋鼓既是战场上杀敌的武器，又是战场上发出信号命令的重要器具。无论哪种说法，都是保护族群安全的形式体现。

甘肃体育非物质文化在历史长河中派生出诸多具有地域民族特色的传统体育文化。这种传统体育文化不断演变，在不同时期、不同地域、不同环境下以更加多元的参与模式、更加宏大的场面规模、更加明确的指向意义、更加精湛的身体技术成为民族文化的重要构件。甘肃是一个多元文化汇集的地方，也是多民族聚居的地方，由于习俗各异、族群林立民族传统体育文化也是丰富多样的，以不同的身体表现、不同的竞技方式、不同的情感价值、不同的存在形式在这片热土上绽放。每一种传统体育文化都代表了一个民族、一个地区的文化特色，特别是宝贵的身体行为文化，都是通过日常生产活动产生并传承与发扬的。生产之余，这种身体行为成为民众独具特色的娱乐方式与手段，备受民众的关注与热爱，且得到了普遍重视。也正是民众对文化习惯的依恋，身体行为文化才能有传承的保障。

人是文化的主体，体育非物质文化是凸显身体性的文化，主体和客体

都是人本身，随着作用载体的增加与影响，受益体也随之增长，带来更加广泛的社会与文化影响。所以早期体育非物质文化遗产的保护最看重人本效应，遵从以人为本的原则。例如，甘肃省天水市连枷舞是当地进行文化互动时以及在活动庆典等重要日子进行的表演活动，正是人们可以追溯到久远过去的生活习惯与沿袭千年的文化习惯，使这种体育文化活动才得以代代传承。血缘家族式的传承模式是以人为本的最好体现，父辈将技能传授于后辈，后辈亦是如此，一脉相承，世代相传。祖辈积累的文化在一代又一代后人的身体上重获新生，不仅是父与子这种家族式的血缘传承，还有非血缘传承模式的师徒传承、门派系别传承等。崆峒派武术传承，便是以门派系别为主要传承模式的。门派的差异性是取决于地域、人文、观念以及特点等诸多因素的，门派之间往往存在某种屏障，所以技能的传承均是在相对封闭的门派之内进行的，师徒关系是教与学的关系，也是文化传承关系。一批又一批"上山学徒"在历练中成长，到可以"下山"之时，无形中便肩负了武术文化的传承任务。而这种文化传承的惯性自然而然成了体育非物质文化传承的特点。以人为本的传承模式也很好地保护了文化的持续性与统一性，加之早期生产条件不足，工业生产还未取代手工业生产，也使得人们对身体的塑造不断深化，对所拥有的文化不断积累与调整，久而久之，便形成了以人为本的稳固观念。

在民间活动中，具有仪式感的互动是有效传递信息、保持良好效果的因素之一。仪式中的传统文化活动不仅是文化的延续和传播，还是文化认同的过程。尤其是群体活动，它可以将人们聚集到一起，用相同的身体符号和文化语言去表达同一种情怀，这既是文化认同的结果，又是民族认同的前提。例如，甘肃省永昌县新城子镇赵定庄村曾是兵家必争的战略要地，民间习武之风盛行，本地古老民俗活动之一——节子舞中的节子，类似兵器中的刀剑，舞蹈动作也类似兵器的使用技法，众人表演节子舞更像是在排列"鱼鳞阵"。正是因为民众尚武成风，人人习武健身，久而久之，由此衍生的节子舞便成为当地民众共同认可的体育活动形式之一，每当有节子舞表演，民众都会驻足观看，甚至会上前参与比划一番。

第一节　体育非物质文化遗产的自然状态

对于民族文化而言，其创造产生与发展流变都是在特定的地理环境、经济条件与社会结构所建构的空间中进行的。人类初始，不论是部落氏族的建立、农耕社会文明的形成，还是城市化的社会组织与管理，文化的每一次生成和发展都是基于特定空间的生产方式和技术的革新。技术体系是指人类加工自然造成的技术的、器物的、非人格的、客观的东西；价值体系是指人类在加工自然、塑造自我的过程中形成的规范的、精神的、人格的、主观的东西[①]。技术体系与价值体系是文化体系的重要组成部分，是非物质文化的重要支点，这两个重要支点无论处于何种地理环境、经济条件或社会结构，都会表现出迥然不同的支撑作用。

一、文化体系存在的地理背景

我们生存的地理环境是由生态系统的生物、有机物质的有机地理环境以及生态系统的气候、地质、地形、地貌、海拔等无机物组成的无机生态环境构成的。学界对于地理环境与人类文化的关系的论证有两种对立说法：

---

① 冯天瑜，何晓明，周积明. 中华文化史：珍藏版[M]. 上海：上海人民出版社，2015：13.

一种是"智力决定论",另一种是"地理唯物论"。当然,受到普遍认可的是"地理唯物论"。简单来说,就是认为地理环境是产生一切文化的前提。孟德斯鸠在《论法的精神》一书中提出,"气候对于一个民族的影响和导向是不可避免的,炎热的气候使人们懒散乏力、懦弱懒惰,必然引导他们落到奴隶的地位;相反,寒冷环境下的民族更有努力拼搏的精神和勇气,以肉与酒为主要食物来源的他们更有成为王者的可能。"德国地理学家拉策尔(1844—1904)赋予"地理唯物论"完整的理论形态,将人视为环境的产物,认为人和其他生物一样,其活动、发展和分布受环境的严格限制。对于"地理唯物论",我国古代也有类似观点,如《周礼·冬官考工记·总叙》中说道:"橘逾淮而北为枳,鹳鹆不逾济,貉逾汶则死,此地气然也;郑之刀,宋之斤,鲁之削,吴粤之剑,迁乎其地而弗能为良,地气然也。"《礼记·王制》又说:"广谷大川异制,民生其间者异俗。"由此可见,"地理唯物论"与文化历史之间的关系源远流长。

地理环境是文化创造的自然基础,是文化发展的重要因素。人类初始就是诞生于自然的生物,受制于自然界,不论何种生产活动,都脱离不了自然界的束缚。随着社会生产力的发展以及人类的进步,以往不可逾越的地理屏障如今可轻松跨越,人类的生产活动逐渐摆脱大自然的束缚,可以更加科学合理与可持续地利用地理资源。对石油、天然气的开采,对稀有金属的利用,甚至是飞上太空去寻求更多人们想要的东西等,都是人类活动受制于自然界、取之于自然界的表现。

不同的地理环境给予人类不同的创造基础,不同的基础成就不同的文化体系。从宏观角度看,地理环境是文化发展的自然因素,也是制约文化发展的自然障碍,还是导致文化多样化发展的前提。复杂的地理环境与难以逾越的地理屏障造就了与地理环境相适应的文化结构，在这种特定的、特殊的自然环境与空间条件下，人类不断地创造、传承与创新文化，但最终还是脱离不了地理环境所设定的有限之圈。复杂的地理环境塑造了千万个文化圈，每一个圈中都有一个隶属于自己地理环境的文化，形形色色，星星点点，就如美丽的夜空一般。但是各个圈的地理环境虽存在差异但不代表没有关连，无数条河勾连着文化的星云，文化如泉水般、如水溶性马赛克，在色彩斑斓中相互渗透与交融。

"水溶性马赛克"是说文化犹如马赛克一般，每种文化都有自己的颜色。如果是石料类的马赛克，那么它们之间是无法相互染色的，而具有水溶性的颜料类马赛克则可以相互着色。"水溶性马赛克"式的文化传播多在相邻、相近的地域进行。那么，地理环境的远距离逾越又如何实现呢？中国人通过陆地和海上"丝绸之路"，打通东西方文化交流的通道，使文化相互染色成为可能。难以逾越的地理环境对于文化的传承与传播来说并非绝对是坏事，起码可以有效保护本土文化特色。地理环境也并非不可逾越，聪明智慧的人们总会跨越山川河流、穿过戈壁沙漠，将文化带到更远的地方，这只是时间问题。汉武帝派遣张骞出使西域，张骞也不曾知道，13 年后他会带着中原人未曾了解的西域文化重回大汉；有谁想到，五胡乱华时期儒家士子入河西以避战乱，却成就了河西走廊儒学文化的繁昌并保存了儒家文化的火种；又有谁知道佛学仅仅走过了河西走廊，却成就了全世界规模最宏大、保存最完整的佛教圣地——莫高窟。文化在逾越山川河流自然屏障的同时，也成就了另一番文化美景。

传统体育文化与地理环境也有着密不可分的关系，受到地理环境的影响与制约。甘肃地区多元文化聚集，河西走廊的东南面是风调雨顺的平原，西北面却是飞沙走石的荒漠，后者这种地理环境造就了人们豁达的性格，创造了剽悍随性的河西文化。此外，生活在草原的人们，由于气候环境的变化和地理因素的制约，他们逐水草而居，随季节而迁，致使他们人人善骑射、人人尚武的文化也是独特的地理环境的产物。

地理环境作为文化体系中最为稳固的载体结构，其固定不变的地形地貌以及规律交替的环境气候，致使一切文化体系的发生与发展都是深刻地建立在地理环境的基础上进行的。千百年不变的地理环境，造就了现在如此稳固载体下体育非物质文化的传承和发展，在体育非物质文化诞生之时，就奠定了独特地理环境下的风俗特色。

二、文化体系存在的经济土壤

在距今约 8000 年的大地湾文化遗址，出土了陶刀、磨石、石刀、骨耒、蚌器等；在距今约 6000 年的仰韶文化遗址，发掘出可见谷壳压痕的陶器；在距今约 4000 年的龙山文化遗址，发现了石锄、石镰、蚌镰等农具和各种谷物；在距今约 6000 年的河姆渡文化遗址，发现了大量稻谷以及猪、牛、羊等家畜骨骸；在距今 4000 多年的屈家岭文化遗址，出土了许多粳稻及猪、狗骨骼……这说明华夏民族在 6000 年前的彩陶文化时期就已经逐步超越了原有的狩猎、采集阶段，进入了以种植业为主的农耕时代。在距今 8000 年到 4000 年间，人口数量迅速增长，这显然与农耕经济体系有关。

农耕式的经济可以包括许多生活生产方式，为大规模的城市建设提供了必备要素。秦汉时期，为抵御外敌对中原的威胁，在贯通河西走廊之后，统治者进行了大规模的军事移民，迁移至此的戍边部队扮演了兵、农双重角色。在无战事时期，他们开荒拓土，将荒凉的河西变成了富饶的农耕基地，源源不断的粮食等作物保障着边关的稳定，提供着足够的后勤补给，为大军的远征消除了供给后患。农耕经济体系带来城市稳定发展的同时，也使城市成为经济、文化、思想、贸易的汇集点。河西走廊在汉朝时期设立郡县，以中原为轴心的河西地区成为中原与西域交流的唯一通道，这里文化交融、贸易昌盛，一派欣欣向荣的景象。

如果说从春秋战国直至秦朝，国家的经济结构是农耕与畜牧业各半的话，那么到了汉朝时期，形成"五谷桑麻六畜"，畜牧业降至第三位，轻畜牧重农耕成为该地域的经济体系。这种生产方式让人养成了食植为主、食肉为辅的生活习惯，这与当时的游牧民族以及当时农牧并重的民族生活习惯形成了鲜明的对比。在这样的经济体系之下，人们逐渐习惯了稳定的劳作。该地区的体育文化也是如此，并不像西方那种更快、更高、更强的极限追求，也不像游牧民族那样极其崇拜身体强健与武力搏斗，号称"马背上的民族"的他们一生总是在征战与迁徙，这对于农耕经济体系下的中原人来说是不可想象的。中原的体育文化相对平静多元，在传承发扬身体行为文化的同时，更注重内心境界与外延文化的表现，体育元素、身体行为的统一模式逐渐淡化。例如，流行于甘肃静宁一带的体育非物质文化遗产项目——打花鞭，是集舞蹈、武术、体育竞技于一身的传统体育项目。其实，这种文化形式已经难以区分是否是体育项目了。这种非物质文化遗产项目的文化多元性不仅体现在其种类上，同时其项目的内容结构也深受影响。

郑也夫在《文明是副产品》中强调，人类的很多文明成果是在不经意间被创造出来的，如农业文明是人们为了生存进行农耕生产，不断积累生产经验，提高生产能力，而逐步建立起来的。在甘肃，农耕生产是十分重要的生产方式，由此派生出与之相应的民族体育文化。如甘肃天水地区流行的连枷棍，就是农业生产中一种打场脱粒工具的衍生物。同理，牧业生

产方式也会产生副产品。早先由于甘肃诸多民族大多以游牧的生活方式为主，这种生产方式为民族体育文化的发展提供了广阔的空间，供给了丰富的素材。在很大程度上，游牧生产所衍生出来的民族体育文化是要多于农耕生产的，如马上运动、抛嘎、大红五枪、抹旗、押加、刁羊、木球等项目，大多是牧民们将生产的技能运用到游戏、竞技之中的结果。从现存的项目中可以看到，但凡是游牧民族创造出来的民族体育项目，都较农耕民族的项目灵活随意、形式多样且务实。其中的原因应该是游牧民族的生产方式必须遵循"随季节、逐水草"的基本规律，但是具体的迁徙路线反复无常，难有定数，牧民们需要随机应变进行放牧，因此其生产方式具有不确定性。在这种因素的作用下，民族体育文化的游戏性或竞技方式和方法必然具有随机性。

生产是生活的基础，在一定程度上生产方式就是民族体育文化的传承和保护的有效方式。即使没有相关的传承和保护政策与措施，民族体育文化只要能够与生产方式保持联系，就能够得到较好的传承和保护。

三、文化体系存在的社会结构

在漫长的历史进程中，中国的社会结构发生过种种变迁，然而以血缘为纽带的宗法制度及其遗存和变种却长期保留着。"一村唯两姓，世世为婚姻。亲疏居有族，少长游有群"便是其长期沿袭的社会结构的写照。以农耕为主的生活方式决定了中国人对于土地执着且深厚的情感，"安土重迁""落叶归根"也是我们数千年的心理定式。宗法制度兼具政治权力统治和血亲道德制约的双重功能，奠定了我国传统社会结构的基础。

（一）父系单系世系原则的广泛实施

所谓父系单系世系原则，是指在血缘集团世系排列上，完全排斥女性成员的地位①。这种社会结构在历史上的各个文明国家几乎都存在过，如古罗马的《十二铜表法》以及印度的《摩奴法典》等都提及到男性地位的不可动摇性。父系单系世系原则是避免权力旁落女性的原则。西周之后的千年之久，女性没有继承祖辈任何资源的权利，即使是本系女性后裔也同样如此。这种观念大至国家，小至家庭，氏族的传承、遗产的继承都与女性无关，民族体育文化在这种原则下同样如此。甘肃秦安县高家屲的壳子棍便是这种沿袭传承方式，女性不能介入，男性传承者则必须接受其文化的洗礼，担负传承的责任。在这样的原则下男人要保住自己的家庭地位、社会地位，就要掌握一切资本。虽然中国古代没有资本理论，但是中国人很早就明白了资本的重要性。

生活在甘肃的裕固族，母系却具有与父系相同的社会作用。裕固族在充分尊重女性的过程中，同样严格地遵循着单系世系原则，由此在裕固族的民族体育文化中可以看到，女子参与押加、赛马等活动，可谓巾帼不让须眉。

父系或母系是一个社会资源的有效保护机制，可以有效地防止社会资源的浪费或被滥用。同其他文化体系一样，体育非物质文化的传承和发展过程同样受到父系或母系社会的保护。当然，在不同的社会体系当中，对于不同性别的群体产生了不同的身体文化效应，但不可否认的是，在早期社会生产力较为滞后、社会资源十分匮乏的时期，的确使社会环境、族群结构、文化习俗、性别需要的体育活动以及体育文化产生，在某种程度上

① 冯天瑜，何晓明，周积明. 中华文化史：珍藏版[M]. 上海：上海人民出版社，2015：136.

对体育非物质文化的发展起到了举足轻重的作用。

（二）家族制度的长盛不衰

我国家族制度的繁荣伴随着族权的行使。汉朝初期，家族式的族权逐渐与政权分离，汉高祖开始将政权高度集中，逐渐打破分封制的家族族权一统的局面。到汉武帝时期，这一分离过程已彻底完成，建立了中央集权制的汉帝国。族权被分离后，它不再干预政权，为国家的发展提供了良好的环境。但这并不意味着族权的消失，它在社会关系与民间家族集团中起到了政权未能达到的权力干预作用。当时，这种族权的长足发展对于生活生产都起到了促进作用，尤其对于文化的传承发展更是功不可没。

在这样一个权力范围内，族级森严、权力明确，家族保障着家族文化的延续与发展。宗法制的家族高效、完整、强制地将一切资源继承与传扬，民族体育文化也同样如此。在稳定的家族结构中进行体育文化的传播，就像是金字塔式的塔罗牌一般，有着严格的法则与限制。作为家族长者的权力行使人，在文化传承与发展的阶段起到了决定性作用。传授什么？怎么传授？传授到什么程度？发展成什么结果？这些都是拥有最高权力的人所要承担的责任。

在甘肃流行的武术拳种中，便有鲜明的家族文化特征。例如，马氏通备武学是甘肃发展强盛的武艺门派。在起始阶段，以传承以家族内的传授为主，随后才逐步在族外进行传播。临夏州的天启棍也具有较为严格的族内传播，外姓人欲学习，多费周折。如今这种传统已经被打破，传人们纷纷将自己家族的传统技法传给大众，以求能够将这门技艺延续下去。

（三）家国同构的鲜明特征

传统体育文化看似与家国同构并无太大联系，实则不然，正是这种家

国同构的同一性造就了人们对于传承文化的重视与尽责。国家若是不具备家庭中的忠孝礼仪，体育文化的社会生存环境就缺少了相互敬重的基础与理由，体育活动很容易沦为粗俗野蛮的单纯的肢体对抗。

家国一体制属性将国家的责任具体落实到了家庭层面，这是一种能有效激发民众责任感的制度。民众在闲暇时进行的各种民族体育活动，看似是个体行为，实则是作为国民的行为。这种行为可以在娱乐、交往中提高体能，为战时做必要的体能储备。就这一点而言，家国同构中的民众，其肩上不仅担负着家庭的重任，还肩负着国家的重托。在甘肃，民众的这种责任感更加强烈，因为居于此的民众中有一定比例属于戍边成员，其国家责任要高于家庭责任。同时，这种制度在很大程度上能够将看似家庭的资源放大为国家的资源，引起民众的高度重视，发挥着传承民族文化和保护民族利益的强大作用。在甘肃的民族传统体育文化中，赛马、射箭、摔跤、抱石头、抛嘎、拔腰、顶杠子等与军事活动相关的体育活动内容占比较高，这在一定程度上是古时国家对戍边需要的必然结果。

地理、经济和社会结构从宏观上承载着民族体育文化，它们相当于文化熔炉的"容器"，在文化熔炉中，具体的、稳定的"溶液"则是渗透于民族体育文化传承和保护中的社会结构元素。

1. 稳定的文化习惯

甘肃共有 54 个少数民族，其中东乡族、保安族、裕固族是甘肃独有民族。全省有 12 个地级市，临夏、甘南 2 个自治州；有 86 个县（市、区）。这些少数民族世居于此，并且宗教信仰保持不变，导致相应地区的文化、风俗习惯并未发生大的改变。在稳定的文化、风俗习惯下，各民族在节日庆典、活动仪式中从事着相同或相似的民族传统体育活动，并传承至今。

很多居住于草原的民族以畜牧为主要的生产生活方式，放牧对骑马技术有一定的要求，这样牧群才不至于走散丢失，民众也以精湛的骑术为荣。蒙古族的赛马、哈萨克族的刁羊、藏族的打马球、土族的赛马等，都是体现个人胆识和骑马技术的运动项目，各个民族在节日庆典上都会举行相应的民族传统体育活动。文化习惯、民族活动、节日庆典相对固定，蕴含其中的文化就能很好地保留至今。如甘南州稳定的民族认同，使"哈钦木"得以传承延续；哈萨克族固定的文化习惯，使刁羊活动至今还能在他们的族群中得以开展。

2. 稳定的生活方式

甘肃各个地区的生活方式和生活习惯不尽相同。但在早期社会中，稳定的生活方式对民族传统体育项目的传承与保护发挥着重要作用。对于民族传统体育项目，传承与保护需要稳定的生活方式，而最初的民族传统体育项目的产生也是基于稳定的生活方式才实现的。如甘肃省武山县山川纵横，时有野兽出没，牧民为了驱赶野兽，保护牛羊，创造了旋鼓舞；甘南一带，藏族同胞则使用抛嘎的方式驱赶羊群或打击袭击羊群的野狼。以往的生产与生活多是融为一体的，而且休闲时间较充裕，放牧之余或农闲之际，人们总会在田间地头、草原水溪旁使用随身携带的生产工具进行娱乐活动。稳定的生活方式为人们提供了无限的民族体育活动素材，特别是为民族体育文化的成型提供了丰富素材和时间保障。

3. 稳定的传承方式

在生活生产中所习得的技能，往往先从模仿开始，随即进入有意识、有目的、有计划地传授过程当中，这样的传承方式历经千百年，尤其在身

体行为的文化传承当中极为稳定与常见。在早期社会，较多的项目或技术是以口传身授的方式习得的。例如，崆峒派武术主要是以师徒的方式进行传承；道台狮子能传承至今也主要采用师徒传承方式；保安腰刀的制作是一项长期的生产活动，师父都有几个学徒，学徒在漫长的学习和制作过程中，依托口传身授的方式逐步掌握了制刀的技法。当人们从这种手工业的技法之中开发出游戏、竞技的夺腰刀后，依然沿用着口传身授的传承方式。在裕固族，没有专门的赛马培训机构，孩子模仿着大人们自学的骑马日后逐步演化为相互赛马的基本功。在民族体育文化中，元素类的肢体活动具有本能的属性，很多动作不用刻意学习，只要是有心人，就能在模仿的过程中逐渐掌握某种专项技能，成为特殊的用于娱乐、健身、交往、竞技的民族体育身体行为，这是一种潜在的、稳定的传承机制。

4. 稳定的饮食习惯

不同的饮食习惯代表着不同的文化习惯和生活习惯，以碳水化合物为主要食物来源的民族，其生产方式一般主要以农耕为主，他们的传统体育项目多是相对舒缓的个体自娱自乐项目，如武术、毽子、棋类等。以蛋白质类物质为主要食物来源的民族，其生产方式一般以畜牧业为主，他们的民族体育文化多以对抗性的摔跤、马上运动为主。早期社会，决定这些饮食习惯的主要因素是地理环境，像甘肃庆阳地区以农耕为主，民众世代耕作，饮食则以碳水化合物类食物为主，在这里很难见到对抗类的运动。

不同的饮食习惯，在很大程度上决定着人体活动的能量供给水平，蛋白质类的食物提供的能量高，碳水化合物类的食物提供的能量有限。不同的能量摄入为人体运动奠定了不同的基础。当获得高能量的食物供给后，人体有富余的能量去进行强度较大的运动；反之，当能量供给不充分时，

人体只能在满足正常体能活动的基础上进行耗能不高的运动。另外，不同的饮食结构，人们获取食物的生产方式必然与之吻合。农耕生产是周期性劳作，人们被束缚在土地上，没有余暇和多余精力。而游牧生产则有很大的不同，牧民只需将牛羊放归草原，有很多闲暇和精力。因此，不同的人群，其体力的消耗也不尽相同。

饮食习惯的稳定性，在很大程度上影响着不同人群的民族体育文化类型。在甘肃，裕固族、藏族等少数民族还有牧业生产，而东乡族、保安族如今已经很少进行牧业生产。甘肃省其他少数民族大多是以蛋白质类的食物为主，其传统体育项目中身体的对抗性和项目的竞争性等远远高于农耕型民族。

5. 稳定的人群范围

人群范围的稳定性与人群迁移有关，甘肃各个民族近百年来相对稳定，很少进行种族的迁移。像东乡族、保安族基本上世代居住在东乡族自治县、积石山保安族东乡族撒拉族自治县，裕固族世居肃南裕固族自治县，藏族主要集中于甘南州和天祝藏族自治县等。这些民族世代居住在这些地方基本没有迁移，他们的生活习惯也没有发生太大的变化，民族传统体育项目也借此稳定的环境传承下来。例如，甘肃藏族的生活环境、居住环境、宗教信仰基本上没有发生变化，他们在固定节日庆典上都会举行一些传统体育项目的比赛活动，如香浪节时他们会举行赛马、赛牦牛、拔河、摔跤、跳锅庄舞等活动，达久滩赛马会时他们会举行声势浩大的赛马比赛等。正是这种稳定的民族认同关系，使很多藏族的传统体育项目传承至今。其他民族的传统体育项目能传承至今也得益于这种族缘和地缘范围的稳定性。在世代居住的族群中，由于很少与外界交流，人们的思想相对单纯保

守，民族体育文化的变革速度相对缓慢。在临夏州东乡族自治县的科妥村（包括上科妥村、下科妥村），可以看到年长者会玩一种类似棒球的游戏——别烈棍，这种游戏的器械完全是就地取材，就是随处可捡到的木板、树枝而已。相对于此，外出打工的人将篮球运动带回，在临夏成为新时代的风景线。这成为一个反证，说明稳定的人群结构和范围使民族体育文化处在一个封闭的环境中，缺少了发展的动力，倒是能够有效保持原生态的文化状态。

对具象文化实际体的保护其实是对抽象文化的传承，因为文化需要载体的承载，就像水需要不同器皿的盛接才能呈现不同形状一样，体育文化亦是如此。抽象的体育文化需要有具象行为的人和实际的文化活动承载来进行传播和传承。《左传》有云，"国之大事，在祀与戎"，意思是说祭祀和战争是国家的头等大事，祭祀作为最盛大的文化活动，是身体行为的表现，也是对传统文化的传承。比如，古代帝王举行的大射礼是祭祀择士的重大活动，这个活动使得射礼文化传承下来。人们要使射箭、武舞等体育活动成为文化习惯，不但要在思想上对其进行传承，而且在身体上也要参与。参与度越高，对体育文化的理解越深，对身体行为的体验越强，对体育文化的传承效果越好。

第二节　体育非物质文化遗产的国家意志

中华人民共和国成立后，非物质文化遗产的挖掘、抢救、保护与传承工作备受国家重视，党和政府开展了一系列相关工作，使非物质文化遗产的保护取得了显著成效。

在全国性的民间文艺研究机构和民俗学会成立之后，甘肃各地市也相

继组建了文化遗产研究保护机构，对当地民族民间重要的非物质文化遗产进行挖掘、抢救与保护，有计划、有组织、有规模地普查采录。在这一过程中，对文学艺术类的非物质文化遗产的保护和传承收获甚是丰厚，出版了大量民间文艺和民俗著作。毛泽东曾豪迈地预言，"随着经济建设的高潮的到来，不可避免地将要出现一个文化建设的高潮。中国人被人认为不文明的时代已经过去了，我们将以一个具有高度文化的民族出现于世界。"① 在百废待兴的年代，政治、经济、文化，都不应该是旧的，但必须具备中国特色，"百花齐放，百家争鸣"的基本方针由此产生与确定，它指导着我国文化、科学事业的繁荣和发展②。国家始终以辩证唯物史观看待传统文化，以取其精华的态度对待非物质文化遗产，充分发挥社会主义优势，这对我国非物质文化遗产的保护工作起到了重要的促进作用。周恩来说过，"我是主张先把本民族的东西搞通，吸收外国的东西要加以溶化，要使它们不知不觉地和我们民族的文化融合在一起。"③ 这表明我国对待文化遗产的态度是积极的，要汲取一切有利经验进行非物质文化遗产保护工作。陈毅在《在戏曲编导工作座谈会上的讲话》批评了对文化遗产的虚无主义态度，指出，"我们有丰富的文化遗产，是无价之宝，千万不要糟蹋。作为一个中国人来说，对遗产采取虚无主义的态度，可以说是犯罪的。"党和国家领导人提出的一系列关于我国文化遗产保护与传承工作的要求以及制定的政策制度，是我国文化遗产相关工作顺利有效开展的前提和保障。

我国政府对少数民族非物质文化遗产的挖掘保护工作投入了大量的人力、物力、精力，对不同的少数民族聚居区实施有效政策，大力发展民族

---

① 中共中央文献研究室. 毛泽东文艺论集：第 5 卷[M]. 北京：人民出版社，1996：345.

② 中共中央文献研究室. 毛泽东文艺论集[M]. 北京：中央文献出版社，2002：145.

③④ 王文章. 非物质文化遗产概论[M]. 北京：文化艺术出版社，2006：191.

文化事业。国家根据各民族地区的特点和需要，帮助各民族地区加速经济和文化的发展。民族自治地方的自治机关自主管理本地方的教育、科学、文化、卫生、体育事业，保护和整理民族的文化遗产，发展和繁荣民族文化。由此可以看出，发展民族文化事业是党和国家乃至每个公民的责任，应共同挖掘当地民族文化遗产，保护当地民族文化特色。

在政府的大力扶持下，被忽视的文化遗产如雨后春笋般重获新生。民俗研究、中国民间文艺研究等工作逐步进入正轨，中国少数民族文学学会、中国民俗学会、民间文艺研究会、中国戏曲学会、中国武术协会等文化部门、社团大量涌现；民间文学报刊、民俗文化报刊、戏曲文化等刊物的出版，更是加速了文化研究理论发展的进程，开启了我国非物质文化遗产新的里程。随着时间的推移，曾经一度中断的文化遗产调查、整理工作以及文化单位的展览工作、被损坏的文化载体的修复与保护工作，都开始逐步恢复与运转。全国各地区政府机构、非物质文化遗产保护机构、民间艺术团体或组织等，对非物质文化遗产的发掘整理工作大面积开展，这一系列活动无不说明我国文化遗产相关工作开始步入正轨，进入了一个全新的时期。

非物质文化遗产的抢救保护工作在新时期达到了高潮。在与国际口头文化遗产与非物质文化遗产保护组织的接触中，我国借鉴国际非物质文化遗产抢救保护的诸多有效措施，用于我国非物质文化遗产保护工作，取得了一系列不错的效果。在与国际各个非物质文化遗产保护组织加强往来的过程中，维护了文化多样性与自由性，在推进我国非物质文化遗产保护工作的同时，提升了我国非物质文化遗产保护在国际非物质文化遗产保护中的地位。2001 年 5 月 18 日，我国昆曲成为联合国教科文组织宣布的第一批 19 个"人类口头和非物质文化遗产代表作"中的榜首，这是对我国非物质文化遗产抢救保护工作的肯定与认可，也是我国非物质文化遗产屹立于世界

文化之林的最好体现；第二批"人类口头和非物质文化遗产代表作"名单于 2003 年 11 月 7 日公布，28 个代表作中，我国古琴艺术名列在榜，这是继昆曲之后我国又一文化艺术跻身世界非物质文化遗产项目。2005 年 11 月 25 日，我国新疆维吾尔木卡姆艺术以及我国与蒙古国联合申报的蒙古族长调民歌同时入选了第三批"人类口头和非物质文化遗产代表作"，这是对于我国少数民族文化价值意义的认同与保护工作的肯定。

由此看来，在非物质文化遗产保护方面，不论是政府机构、学术团体、学校机构还是民间组织，都形成了具有中国特色的保护机制与方式。

一、非物质文化遗产的保护法规

我国作为一个坐拥数千年文明史的文化古国，时至今日，非物质文化遗产自然数不胜数。人们生活生产的各个角落，无不流露出浓浓的文化气息，不同的地区、不同的民族、不同的习俗，更是将文化的多元性体现得淋漓尽致。纵览数千年古史，放眼朝代更迭，亘古不变的是对于文化的追随与重视。秦始皇统一六国后意识到国家的统一不仅要依靠强大的军事实力，还要有文化的统一与认同。这样的宏图大志在汉武帝时期初见成效。可见，文化对一个国家、一个民族的重要性与军事、祭祀相当，可见重要性非同一般。对一切优秀文化进行保护与建设，是一个国家繁荣富强的必经途径。我国地大物博，辽阔疆域的每一寸土地都拥有其文化，不同地域有不同习俗的民族、有不同习惯的民众，也因此汇聚成形形色色的民族民间文化。各族人民是文化的创造者，也是文化的保护者。2000 年，文化部（现为文化和旅游部）与国家民委（全称为国家民族事务委员会）联合印发《关于进一步加强少数民族文化工作的意见》；2004 年，文化部、财政部联合发出《关于实施中国民族民间文化保护工程的通知》。这些均是国家通过

依靠民众、社会力量，大力提升文化遗产保护工作效率的政策保障。

二、非物质文化遗产保护的人文因素

随着我国综合实力的提升，文化建设也成为整个社会关注的焦点。民众在享受全社会生活水平显著提高所带来的实际利益的同时，也对文化建设产生了迫切的需求，而非物质文化遗产的保护是文化建设必不可少的环节。对于非物质文化遗产的保护与发展，社会民众已经形成了一种文化自信，这为我国民族民间文化发展创造了最为有利的社会氛围。

从沙发到圈椅、从西服到汉服、从快餐到中餐、从单调的高楼到特色民居等物质文化流变中，我们可以看到，民众对本民族民间文化的认同是一股强劲的社会力量。国人对本土文化的认同已经达到了相当强的惯性阶段，具体表现为民众对民族民间文化的高度重视，以及民众的身体力行。在甘肃的少数民族中，浓烈的民族民间文化气息烘托出豪迈的、坚忍的精神。例如，在艰苦的环境中，裕固族人民在牧区的欢歌笑语中与牛羊漫步，在夜幕下载歌载舞地与来宾欢唱，在竞技场奋勇争先地与同伴竞争。

在非物质文化遗产的保护中，需要充分认识非物质文化遗产的独特性、活态性、传承性、流变性、综合性、民族性、地域性等特征[①]。这些特征构成了非物质文化遗产的人文因素，影响着非物质文化遗产保护的实效。

（一）独特性

独特性是非物质文化遗产最为重要的特性。作为文化的表现形式，非物质文化遗产一定要具有独特的意义，这种意义体现在不同的方面，如传承意义、历史意义、文化意义、教育意义等。例如，剪纸作为我国优秀的

---

① 王文章. 非物质文化遗产概论[M]. 北京：文化艺术出版社，2006：60−70.

非物质文化遗产，具有我国传统的审美价值，运用符号传递、诠释着中华民族所追求的幸福安康，这种祈福祝愿是中华民族的文化之根。甘肃地区武艺技法当中，棍术尤为突出，因其种类繁多、技法独特、风格鲜明、独一无二而闻名。技法多变的进山条子、出山棍，只见棍影难见人形的蒲团棍、疯魔棍，大开大合的连枷棍，小巧灵活的鞭杆等都是特色鲜明的棍术套路。对此进行保护需要由专门的组织安排具有专业知识和技能的人员去管理，而不能由统一的非物质文化遗产组织安排非专业的人员进行管理。

（二）活态性

文化也是活的。活态性是非物质文化遗产重视人本的体现。文化表象的人是活的，非物质文化遗产的表达者是人，而不是人创造的物件或事物；人所创造出来的物件或事物仅仅是文化的外显，因人的存在而产生，所以非物质文化遗产传承的重点在于人。就拿传统手工艺纺织丝绸来说，成品的丝绸仅仅是物件，仅仅是文化的外显，而真正有意义、有价值的是整套制作工艺，而这套工艺是通过每一位匠人完成的，重点在匠人。所以非物质文化遗产具有很强的活态性，是活生生的文化。体育非物质文化遗产传承的主体是人的身体，一旦人和人的身体没有了活力，寄存于人身体中的行为就没有了载体。因此，要对体育非物质文化遗产进行保护特别需要对掌握特殊技能的人进行专项保护。

（三）传承性

传承性是非物质文化从久远的过去延续至今的重要因素，也是一个国家、一个民族文化记忆的历史见证。如果没有了传承性，那么文化自然就失去了生命，没有了存在的意义。也正是因为传承性，人们创造文化才有了所要依据的基础与原型，而并非想当然地创造文化。对于非物质文化而言，其传承方式往往是口传身授居多，具有高度的亲密性；家族式传承与继承式传承是很多见的，技艺由祖辈流传到子孙，再由子孙以家族血缘的固定传承模式将这门技艺传授给后辈。就像秦安壳子棍，它传授的对象便是高家屲中高姓的本家族人，高姓世代相传，这种家族传承模式将壳子棍以高保真的方式传承至今。

（四）流变性

流变性是非物质文化遗产所具有的较为特别的特征之一。非物质文化遗产是一种无形、抽象的符号表达，在非物质文化传承的过程中，一部分是基于原始文化存在的，另一部分是经过后人加工创造的新文化产物。经过加工的非物质文化具有更好的社会适应力、更强的历史说服力、更深的文化感染力。这些具有历史源流的传统文化经过不断地传承、流变、再传承、再流变，反反复复，生生不息。例如，甘肃省兰州市榆中县青城镇一带流行的道台狮子，原本为山东一狮队传授的舞狮技艺，最后经过当地百姓的改编，顺应当地风俗习惯，常在节日庆典等特殊场合表演展示。其不论在舞狮的风格技术上，还是在角色扮演上，或是在道具的使用与安放上都进行了相应的改编，最终形成了别具当地特色的道台狮子。

（五）综合性

综合性是非物质文化遗产体现最为明显的特征。非物质文化遗产是各个时代生活的有机组成部分，它是一定时代、环境、文化和时代精神的产物[①]。

---

① 王文章. 非物质文化遗产概论[M]. 北京：文化艺术出版社，2006：65.

非物质文化遗产是文化抽象的展示，也是多元素糅合而成的文化共同体，音乐、舞蹈、文学、艺术等都可能在同一个非物质文化遗产项目中展示出来。流行于河西走廊东端——古"丝绸之路"重镇凉州地区的攻鼓子舞便是生动的案例。历史上的凉州汇聚了五凉文化、西夏文化、佛教文化、儒家文化、西域民族文化等多元文化，虽然攻鼓子舞是一种民间的鼓舞形式，但是融合了民族、宗教、地域、音乐、舞蹈、体育、军事等众多元素。

（六）民族性

民族性是指非物质文化遗产体现着不同民族所特有的民族思维模式、生活方式以及世界观、价值观、审美观，展示着民族文化的深刻烙印。民族不同，其言谈举止、穿着打扮、宗教信仰、生活生产方式等都有着各自的特点。也正因如此，具有民族性的文化才能够诞生。各族人民用他们的智慧创造着属于自己的文化，在他们特定的民族环境中，非物质文化得到了较好的保护与发展。民族性不仅是文化保护发展的要素，更是非物质文化遗产最具有价值意义的特性。甘肃特有的民族体育活动就具有很浓厚的民族性，对于这些体育项目的保护就应该建立在尊重民族性的基础上，因地制宜、因人而异。比如，同为摔跤、押加、赛马、射箭等活动，由于不同族群在其民族体育中的方式和方法的差异，需要有针对性地进行整理与保护。

（七）地域性

地域性是非物质文化遗产较为直观的特性。众所周知，不同地区有着不同的生活习惯与社会文化，地域性差异是造成文化差异的主要原因之一。地域的阻碍是古时人类难以逾越的屏障，往往一条河、一座山就挡住了人们了解世界的通道。在特定地域中生活的人们形成共同的文化认同，创造了属于这片土地的本土文化，久而久之，每一片被山川河流所圈起来的地域便有了各自的文化区域。方言就是一个很好的地域性差异的例子。随着时代的发展，被地域约束的社会结构逐渐被打破，各种交通方式的出现缩小了地域差异，但是这种沿袭几千年的文化惯性在短短几十年间是不可能突然改变的。业缘社会结构的出现代表着地域差异的突破，但是文化并未因交通业缘的发达而开始变为一统。交通业缘的发达仅仅是加快、加深了不同文化间的交流与碰撞。而且地域性差异所造就的文化在很大程度上存在着形与意的差异，就像"南人善舟，北人善骑"一样。

三、非物质文化遗产保护的社会力量

体育非物质文化遗产除具有上述特征外，还具有更丰富的体育性质以及教育价值。体育具有竞技性、对抗性。体育运动过程是对身体进行再塑造的过程，通过对身体机能的改造锻炼，使身体达到一个较高的协调与控制的状态。体育非物质文化遗产是通过身体行为的表现而存在的文化。所以，我们在很多体育非物质文化遗产中都可以看出，身体的塑形改造是必不可少的。长时间对身体的控制，最终会形成特有的表现形式，人们便是以这种身体行为的方式将文化传递出来的。

很多人单纯地认为，体育仅仅是肢体动作，就是用于锻炼身体的方式，却忽略了体育的文化属性、社会属性、教育属性、经济属性。一项体育非物质文化遗产对于它的受益民众而言已经远远超出了身体行为的范畴，而是通过特殊的身体行为表达民族、地域、习俗等的差异与特别。例如，甘肃酒泉市阿克塞哈萨克族自治县孕育了独特的民族民间草原文化。哈萨克族被称为"马背上的民族"，他们热情奔放、剽悍豪迈。姑娘追是哈萨克族最为重要的传统体育文化项目，也是男女青年喜欢的马上项目之一。姑娘追对骑马者技术要求很高，手执马鞭的姑娘要骑着奔腾的骏马追赶飞奔的小伙子，在追赶过程中还要挥鞭追打前面的小伙，没有好的骑术与控制能力，是没有办法完成这样一个"速度与激情"的体育项目的。姑娘追不仅仅是马上运动项目，更是促成很多青年男女相遇、相识、相知并终成眷属的民俗活动。由此可见，体育非物质文化遗产绝对不仅仅是单纯的体育运动，它寄托了一个民族、一个地区、一段历史的共同认同与记忆，是凝聚民众的特殊的方式。这种通过体育运动的形式来表现民族民间特色的文化习俗，往往具有群体性的行为文化传承，就像甘肃临潭县传统体育项目——万人扯绳赛一样。这是一个规模宏大的拔河比赛，当地民众几乎都会参与其中，2001年曾被列入吉尼斯世界纪录，这种参与程度充分体现了民族文化的统一认可。该项体育活动将具有共同文化认同的人们聚集在一起，文化的传承就在这种高度汇聚的状态下实现了。

由此可见，体育非物质文化遗产的社会作用以及教育意义不亚于其他种类的文化项目，甚至更有价值及社会影响力。我们仅仅将体育非物质文化遗产理解为体育活动，是远远不够的。

在很大程度上，体育非物质文化遗产的传承与保护需要政府组织与机构的支持，它们是体育非物质文化遗产保护的绝对力量。然而，时至今日甘肃尚未有政府或民间的专项体育非物质文化遗产保护机构，亟待建立。目前，甘肃涉及非物质文化遗产的保护组织见表2-1。

表2-1　甘肃涉及非物质文化遗产的保护组织

机构组织	地点	成立时间
甘肃省非物质文化遗产保护中心	甘肃兰州	2018年
兰州非物质文化遗产陈列馆	甘肃兰州	2010年

续表

机构组织	地点	成立时间
敦煌研究院	甘肃敦煌	1944 年
甘肃省博物馆	甘肃兰州	1939 年
甘肃省民族研究所	甘肃兰州	1959 年

就政府机构而言，体育非物质文化遗产的发掘、整理与保护工作需要政府职能部门在政策及其他人力、物力、财力等方面的大力支持。我国国家领导人对非物质文化遗产的抢救、保护、传承等工作做出了具体的指示，政府机构颁布了多部法规，对我国非物质文化遗产重点发展发挥着举足轻重的作用。至今已经有昆曲、木卡姆、长调民歌、太极拳等多个文化项目列入联合国教科文组织公布的"人类口头和非物质遗产代表作"名录。

政府相关职能部门是非物质文化传播和传承的重要中介。西北师范大学体育学院在 2012 年就开始聘请甘肃传统武术传人进校园传授传统武术。其中，王得功先生无私地将兰州缠海鞭杆系统地传授给体育学院武术与民族传统体育专业的师生，每年都要亲临学校进行指导，这使得兰州缠海鞭杆成为该校武术与民族传统体育专业学生掌握的地域传统武术套路之一。甘肃联合大学广泛开设兰州太平鼓、舞龙舞狮、敦煌拳等甘肃特有的体育非物质文化遗产类课程，受益人数庞大，对保护和传承甘肃特有的民族体育文化发挥了积极的作用。

民间自发组织的力量无穷。体育非物质文化遗产保护的民间组织、社团、协会等，其实力以及对于非物质文化遗产保护工作的贡献不容小觑。在国家相关政策的保障下，各地体育非物质文化遗产保护机构怀揣弘扬传统体育文化的梦想，如雨后春笋般纷纷崛起，极大地推动了体育非物质文化遗产的传承。体育非物质文化遗产保护的诸多工作与民间保护组织、产

业组织息息相关。它们是民族民间文化真正经久不衰的原动力，也是传统体育文化传承、传播的重要场所。可以说，没有这些民间自发组织的保护社团与机构，就没有传统体育的今天。

对于体育非物质文化遗产的保护和发展，社会各界与民间组织都贡献了自己的一份力量。每一项体育非物质文化遗产的保护和传承背后都有各自的保护发展组织在工作。例如，对于甘肃省临夏州积石山一带特有的少数民族——保安族来说，夺腰刀的传统体育项目深受民众喜爱，是保安族民族文化的代表。对其文化的保护与传承，除了有民族研究所等政府机构，还有很多民间组织团体。又如，流行于西北地区的通备武艺，在甘肃诸多地区都有通备武艺研究会。这些团体组织与机构使体育非物质文化遗产得到了较好的保护与发展。

很多优秀的民族传统体育项目和文化不一定都能进入非物质文化遗产名录，这并不代表不值得保护与发展。时刻发掘与重视民族民间传统体育活动与文化互动，是体育非物质文化遗产工作的首要任务。而在这个漫长的过程中，一切与其相关的单位和组织机构都应相互协助，努力传承与发扬甘肃优质的体育非物质文化遗产。

第三章

甘肃体育非物质文化遗产举要

第一节　兰州太平鼓

太平鼓是流传于甘肃省兰州市郊区农村的一种民间传统鼓舞，也是集健身、娱乐、祭祀等于一体的民间传统体育活动。太平鼓，原为鼓名，后也指击鼓而舞。当前最早有关太平鼓的文献是何九盈等主编的《辞源》，其记载："宋徽宗崇宁大观年间，京城内外街市，有鼓笛拍板歌唱，称为'打断'。政和初年，官令禁止，民间才改名为'太平鼓'。"①此文献描述的"太平鼓"尽管与兰州太平鼓同名，但二者显然有泾渭之别。太平鼓流传于甘肃省兰州市周边，至今已有600多年历史，寓意着吉祥太平，素有"天下第一鼓"之称。2006年5月20日，兰州太平鼓经国务院批准列入第一批国家级非物质文化遗产名录。

关于兰州太平鼓的起源，尚无统一定论。国内学者李贤年对兰州太平鼓的溯源研究认为：其一，徐达攻王保保城之源说。相传明朝初年，朱元璋为了统一全国，命大将徐达带兵西征。西征军队在顺利攻克兰州城后，唯有黄河以北元军坚守的王保保城久攻不下。当时天寒地冻，时逢春节来临，明军驻地的老百姓已经开始筹备过大年、闹社火。徐达、军师及将领受兰州百姓挑水木桶和闹社火的启发，创造了一种长筒鼓，将刀枪等兵器装进鼓里，命将士乔装打扮成民间社火队成员混进王保保城闹社火，元军对此毫无察觉。将士们里应外合，一举将元军打败。为了庆祝胜利，愿天下太平、不再动兵刃，当地老百姓赞誉此鼓为"太平鼓"。这与武威的攻鼓子

---

① 何九盈，王宁，董琨，等. 辞源[M]. 3版. 北京：商务印书馆，2015：994.

舞有相似之处①。其二，太平鼓源于北宋神宗熙宁初年（1068），是拓边复地的名将王韶在今兰州附近地区所创造的讶鼓。显然，这与古代战争中，战鼓具有稳定军心、振奋将士之心、震慑对手的功能相吻合。

另外，李贤年通过梳理文献发现，兰州太平鼓无论是外形、材质还是声音，都与羯鼓有更多相似之处，因而推断兰州太平鼓源于鼓之"鼻祖"——陶鼓或陶鼓的后世子鼓和由西域传入胡乐的羯鼓②。

兰州太平鼓呈圆筒形，鼓身长70～75厘米，鼓面直径40～45厘米，鼓重9～19千克。因鼓身大而长似筒，又被称为"大筒子鼓"，漆成红色或黑色的木质鼓身，多彩绘二龙戏珠图案。两头鼓面蒙牛皮，绘太极八卦图。红色或黄色的长布带系在鼓身两头的铁环上，斜挎于鼓手右肩上，可将鼓悬置于左腿外侧，也可将鼓抛向任何一个方向。鼓手左手紧抓鼓带以控制鼓身，右手持50厘米左右的鼓槌，在翻转中击鼓。鼓槌用牛筋或麻绳拧成，上有五色彩绸樱穗。因地方不同鼓手穿戴有较大差异。表演时，旗为指挥，锣击节奏，鼓身飞舞，鼓手击鼓动作幅度大、力度强，鼓队阵式变化多样，场面宏大壮观，其豪迈粗犷彰显出浓厚的地方文化特色和非凡的艺术魅力。

兰州太平鼓有广泛的群众基础，当前主要流传于兰州市的三县（榆中县、皋兰县、永登县）、五区（城关区、七里河区、安宁区、西固区、红古区）。这些地区有社火队的地方，就会有太平鼓。根据地域分布和装扮、表演风格特点，兰州太平鼓大致分布在3个特色区域：兰州市区（包括城关区、安宁区、七里河区的部分街道和乡镇），以皋兰太平鼓为代表的北片（包括永登县、皋兰县部分村镇），以及以榆中县为代表的部分乡镇。这3个区

---

① 李贤年. 兰州太平鼓的起源及其文化功能新考[J]. 云南艺术学院学报，2008（1）：48-49.
② 同①：49.

域的太平鼓在鼓的造型、打法，鼓手衣着、打鼓时间等方面存在一定的地域差异。

兰州太平鼓制作伴随着社会发展而日益完善。1990 年，兰州太平鼓参与了北京亚运会表演。为了达到整齐划一的表演效果，太平鼓艺人王永义、庞炳、魏永宏等人经过反复斟酌，将兰州太平鼓制作成直径 40 厘米，长 70 厘米，重 5 千克左右，鼓身统一大红色，上面彩绘二龙戏珠的图案的款式。

为了获得更好的视觉和听觉效果，当下的兰州太平鼓制作更加讲究：采用厚 15 毫米左右的上等松木条箍桶，外面用牛筋加箍，桶口有衬条加厚，鼓桶里面用胶纸裱糊，猪血和瓦灰混合均匀涂抹，鼓腔内侧交叉固定着两根弹簧，外面用白布上胶粘紧，再用腻子打磨光滑。精选半生不熟的牛背皮蒙制鼓面，松紧张弛适度，绘有太极八卦图，并用刨钉圆周密封。鼓桶外面漆成红色或黑色，在其上面贴金涂银，有二龙戏珠、双狮绣球等彩绘图案，并在鼓带距离鼓环 20 厘米处添加挂钩，增加了打磨镀光的提手，提高了鼓手在跳跃时将鼓抛起和击打的准确性。

兰州太平鼓鼓手一般头戴黑罗帽（黑罗帽正前方镶有一小圆镜），耳边插有一朵大红花，上身穿对襟红色或黄色褂子，腰上系黑布长腰带的英雄武松装饰，下身穿黑灯笼裤，脚穿鞋头缀大红缨的白麻鞋。有的鼓手头扎白头巾，戴墨镜，身穿白色对襟衫、外罩黑背心，系红腰带，下穿黑灯笼裤，脚穿白布袜、黑布鞋。有的鼓手头戴黑圆帽、一身大红装、腰系黑腰带、白袜、黑鞋。还有的鼓手头戴帽顶缀一朵大红缨子的传统罗锅帽，身穿正中有一排白纽带的黑上衣，穿黑裤，系黑布腰带打花结，脚穿白袜、黑鞋，显得豪放洒脱。

兰州太平鼓为 24 人、48 人或 108 人的集体表演，表演阵容宏大壮观、气势恢宏，神似黄河排浪，势如万马奔腾。表演时人舞鼓、鼓带人、人鼓合一，锣鼓击节、鼓身飞舞。表演者左手扣环，驾驭鼓身，右手持槌击打鼓面。兰州太平鼓的击鼓动作融入了传统武术成分，鼓手身法刚健多变，前纵后跃、左旋右转，时而跳打、时而举打，起落有序，节奏时缓时骤，鼓阵开阔进退，鼓声雄浑激越，充盈天地，气势磅礴，奇伟壮阔。兰州太平鼓表演有闪、展、腾、挪、翻、转、跳、跃等基本步法，如前跳一丈龙摆尾，后退八尺虎翻身，左斜似蛟龙出水，右斜似猛虎扑羊。

兰州太平鼓表演基本队形有两种：一是鼓手排成 2 列，前锣后钹，领头大鼓在前，其他鼓在后，中间有 3 米高的压鼓指挥旗；二是全队排成 3 列，锣、钹放在中间 1 行。这两种队形头鼓都必在前边开路，由压鼓指挥旗控制节奏。鼓手在领队指挥下击锣伴奏，采用"跳打""蹲打""翻身打""岸打"等动作，队形不断变换，形成不同的阵法，有"两军对垒""金龙交尾""双重突围"，也有"车轮旋战"等。

当前，兰州太平鼓具体的打法主要有高鼓、中鼓、低鼓三种。三种打法各异：高鼓打花样、中鼓打技巧、低鼓打深沉。

高鼓的花样打法：鼓身置于鼓手的髋部。表演时表演者左手撑鼓，利用鼓的自重和抡挥时的惯性甩带抡挥，形成人鼓翻飞的壮观场面。高鼓有"鹞子翻身""燕式跳""二踢脚加劈叉""扫膛腿""猛虎下山"等高超的打法，是"黄河激浪""麦浪滚滚""铁壁合围""三阳开泰""万马奔腾"等大型表演阵法中不可缺少的打法。

中鼓的技巧打法：将太平鼓置于打鼓表演者膝关节下方，鼓身没有支撑点，打击难度比较大。表演者身体律动和双手击打动作配合要快而稳，同时，动作之间转换时要娴熟、连贯，加上需要鼓条、鼓花（缠有彩色布条的一节小木杖）在头顶缠绕等表演难度相对较大的技法，对鼓手的体力、耐力和心理素质都有较高的要求。其常用于"六合阵""八卦阵""五福临

门""两军对垒""天下太平"等表演阵法。

低鼓的深沉打法：鼓带最长，将太平鼓置于脚面，行进时左脚背顶鼓而行。表演时鼓贴近地面，左、右、前、后抢打时右腿跨鼓，左小腿和脚内侧将鼓夹起来进行旋转，也可以双腿轮换，身体弯曲似弓，马步向前击低鼓。其多用于"两军对垒""纵叉击鼓""天圆地方""四门兜底"等表演阵法。

太平鼓在兰州各地开鼓祭祀和表演的时间不尽相同。例如，兰州城区内，太平鼓表演时间一般为正月初五和正月十五。正月初五的"破五"，正月十五的"除瘟"，主要在城区内主要街道击鼓游行，在增添当地春节喜庆气氛的同时，希望来年四季平安、生意兴隆、国泰民安。

兰州周边村庄的太平鼓表演时间是从正月初三开始到正月十六结束，持续 14 天，始终伴随着兰州市郊农村的闹社火活动。正月初三起社火之时，太平鼓队就打起锣鼓，围村里各家各户绕一圈，以驱邪、除秽。然后，在太平鼓队的带领下，到本村敬奉神的庙宇打鼓祭祀，鼓声惊天动地，以求来年风调雨顺、五谷丰登。有时太平鼓还要在不同村落之间互相送社火，此时太平鼓成为联络村落友谊和感情的桥梁。到了正月十六，太平鼓随着社火的"送瘟神"仪式结束而被封存，平日不可随意击打太平鼓。

兰州太平鼓在周围地县的开展各具特色，永登具各村镇开鼓时间一般为正月十二。原先当地开鼓采用隆重的仪式，先要挑选吉时，由春官带旗、鼓、锣、钹、衙役在本村寺庙中焚香请神，诵念祭词，烧香祭祀完毕后，才能进行太平鼓表演。表演一般在正月十五达到顶峰，正月十六"送瘟神"后结束。在永登县苦水镇，太平鼓表演时间一般在农历二月初一至二月初三，二月二"龙抬头"时进行表演。

皋兰县城，太平鼓表演一般在正月十三至正月十五。太平鼓队跟随社火队来到县城主要街道进行表演，锣鼓齐鸣、礼炮声声，观看者人山人海。太平鼓声震天，太平鼓表演者展示"一字长蛇""两军对垒""三阳开泰""四门兜底""五福临门"等阵法和套路，引来当地老百姓阵阵叫好声。

榆中县各村庄的太平鼓表演时间最长，表演集中在正月初一至正月十五，平时不可动鼓。表演地点在庙宇、村委会广场及村镇主要街道，击鼓方式与皋兰县大同小异，表演方式中阵法前后次序变换略有不同。

当下，兰州市区的太平鼓因表演的需要，不再封鼓。兰州周边各县农村或偏远山区仍然对开鼓祭祀和封鼓时间有严格要求，并与当地春节耍社火相依存，具有很强的仪式性和祭祀性。

兰州太平鼓在当地民间流传久远，分布范围较广，各地的传承方式大同小异，往往是多种方式并存。兰州太平鼓曾经以家族传承为主，目前，其多种传承方式并存，主要有以下几种：

第一，家族传承。在太平鼓传统表演比较集中的皋兰，家族传承也较为突出。不论是过去还是现在，魏氏家族成员主要承担着太平鼓的表演工作。此外，省级传承人赖新年，13岁开始看父亲和哥哥打太平鼓，到17岁，跟哥哥学习打太平鼓的技法，并和哥哥一起打鼓，而哥哥的打鼓技法是从父亲那里学来的。

第二，延展的师徒传承。在兰州太平鼓盛行的大多数乡镇，有技能的师傅会带来自各处的徒弟。每年正月，随着当地社火队的准备，各家各户便自发报名参加太平鼓队，每个村1或2位早年打过太平鼓的老人负责指导太平鼓的训练，精通太平鼓打法的老人协助指导鼓队。这种传承方式没有严格意义上的师徒关系，参与者很多，也不固定，全凭参与者的兴趣和爱

好，参与者可以自由出入太平鼓队表演。例如，省级传承人庞炳，从小看着长辈打鼓表演，耳濡目染，慢慢地学会了一些基本的动作和要领。随着时间流逝，老一辈鼓手逐渐退出太平鼓表演，新一代鼓手逐渐接替老鼓手进行表演，代代相传。

第三，学校传承。当下，兰州太平鼓技艺已经进入学校，每年都有进校园活动。例如，兰州理工大学开设了兰州太平鼓培训班，给学生传授太平鼓技艺。培训班结合学生职业进行传授，让学生掌握太平鼓制作的同时学会表演，使得太平鼓技艺得到传承。再如，太平鼓作为非物质文化遗产进校园、进课堂。赖新年被当地的部分中小学聘为代课老师，专门教孩子们太平鼓表演，从小培养孩子对太平鼓的兴趣爱好。这些校园举措也极大地促进了太平鼓表演的传承。

为了让兰州太平鼓在1990年第十一届亚运会能够精彩亮相，在甘肃省歌舞团和兰州市群艺馆教练员的协助下，恢复了失传多年的"鹞子翻身"等技艺，擂响了兰州太平鼓革新的第一声。兰州太平鼓走出民间原生态的打法，注入了新的血液。传统太平鼓新的打法被创编出来，让兰州太平鼓迎来一片更加广阔的天地。毋庸置疑，兰州太平鼓在北京亚运会演出成功，加速了兰州太平鼓传承的分化：一种是以当地民众为基础，依托于当地春节耍社火，一村一乡自行组织和表演的民间传承。另一种是随着太平鼓表演需求的增加，呈现商业化表演的企业传承。例如，兰州太平鼓甘肃省级传承人魏永宏于2001年在皋兰县成立了兰州永宏太平鼓文化旅游产业发展有限公司，其中创始于1990年的兰州永宏太平鼓艺术团主要从事太平鼓表演传播工作，先后参加了各类大型活动，进行太平鼓演出和各种比赛20余次，获得了多项荣誉。1999年，皋兰县组成百人太平鼓队代表兰州参加中华人民共和国成立50周年文艺晚会，适合广场表演的兰州太平鼓走上了舞

台，让根植于民间的太平鼓焕发出新的生命力。

随着 2006 年兰州太平鼓列入第一批国家级非物质文化遗产，兰州太平鼓迎来了更大的发展机遇。在国家政策的支持下，太平鼓传承人有了政策性保护，明确了传承人的职能，加大了传承人的经济补偿，保证了传承人的生存环境，从而激发了他们的传承热情，极大地促进了兰州太平鼓的传承与发展。民间艺人和艺术工作者对兰州太平鼓进行挖掘、整理和创新，在原有太平鼓的基础上加工、编排和完善，以高鼓、中鼓、低鼓 3 种基本打法为基础，糅进戏剧架子功技法和武术技法，配以音乐背景，加强击鼓节奏的变化，演变出轻、重、缓、急的不同打法，使不同动作之间衔接得更加流畅，在继承的基础上有了科学合理的创新发展。同时，相关人员对兰州太平鼓表演阵法进行创新，如 2002 年中央电视台举办的"中华鼓王"大赛，以彩陶鼓的原型为基础，特意制作了鼓身长 3 米、直径 1.5 米的巨型大鼓。在金龙大旗和数十面小旗的引导下，数百名鼓手呐喊着从巨型"彩陶鼓王"后跑出，在"龙蛇阵"的基础上变换出"龙腾盛世""普天同庆""万马奔腾""鼓乐太平""黄河激浪""开发涌潮"等寓意新时代发展的新阵法，充分表现出黄河儿女惊天地、泣鬼神的英雄气概和勇往直前的时代风貌。

当然，随着时代的发展，兰州太平鼓影响力越来越大，受众面也日益扩大。兰州市各区的各街道以及各村几乎都有自己的太平鼓队，许多地方还成立了女子太平鼓队、儿童太平鼓队和老年太平鼓队，这些鼓队虽然比较业余，但是在很大程度上促进了兰州太平鼓的发展传播。此外，兰州太平鼓的功能已从过去的祈雨求福、祛疫驱邪等娱神功能转化为表达喜庆、娱悦身心的娱人功能。

第二节 兰州缠海鞭杆

兰州缠海鞭杆是长期流行于甘肃省省会兰州的一种民间传统武术，是在鞭杆的基础上形成的一个鞭杆门派。2017 年 10 月 18 日，兰州缠海鞭杆被列入第四批甘肃非物质文化遗产名录。对于兰州缠海鞭杆中的"缠海"，王得功认为，海意味着庞大，但是海是可理喻的，从入海到知海，从初级套路入手，使可掌握复杂的鞭杆技法。而闫顺义则认为"缠海鞭杆"之名取自古典神话小说《封神演义》中的一段故事。这种说法符合封建社会习武之人将武术附会在名人、仙人身上的心态。王得功之子王建中解释，鞭杆的技法丰富，犹如包容性极强的大海一般，汇聚了刀法、剑法、棍法、枪法等武术器械的技法而成型。另外，鞭杆的技法演练犹如绞龙一般，翻江倒海的鞭法与身法有搅动汪洋大海的释义。

西北的甘肃、陕西、宁夏等地，山大沟深，道路崎岖，交通极其不便，而且早期时常有歹人、豺狼出没。外出步行之人常会随身携带一根兼做扁担、拐杖的或防身用的短木棍，这种短木棍就是当地老百姓俗称的"鞭杆"。鞭杆一般为木质短棍，长约 1.2 米，棍粗 3.5～3.8 厘米，一头略粗，另一头略细，粗的一头称为"把"，细长的一头称为"梢"。鞭杆携带方便，既可用于防身，也可为挑、撑、挂等辅助性工具，长期练习有助于强身健体。

不同时期的不同人物在鞭杆手法、身法、步法等基本动作的基础上加以提炼、组合和发展，形成了近现代缠海鞭杆。缠海鞭杆的发展历经萌芽起源、形成发展与完善成熟三个阶段。

（1）萌芽起源阶段。缠海鞭杆是由清末至民国时期祖籍为山西、后定居兰州、被后人誉为"西北棍王"的王天鹏及其徒弟罗文源两人发明的。王天鹏先生擅长长短棍术，并传艺于罗文源先生。师徒二人在鞭杆的操练过程中发现了种类繁多的鞭杆技法，但操练时发现这些技法在手法、身法、步法等方面存在诸多缺点，如在劲力上滞扭呆板，身法僵硬，步法迟缓，内容重复，套路冗长。他们经过数十年对鞭杆技法的深入探讨和研究，去伪存真，去粗取精，推陈出新，逐渐形成了以五阴、七手、十三法、缠海十八招等为基础的鞭杆技法。其中，五阴、七手主要是练习鞭杆变换把位手法的方法，似曲谱中的音符，它们相配为伍，演变出了十三法、缠海十八连环招式及掉手鞭杆、黄龙鞭杆等，使得鞭杆身法新颖别致、劲力饱满、步法灵巧、风格独特、招式流畅，自此鞭杆的发展进入了一个新时期。

（2）形成发展阶段。"通备大师"马凤图的长子马颖达深受家族影响，除精通枪法外，还对鞭杆情有独钟，在继承传播王天鹏、罗文源二人鞭杆技法的基础上，吸收了甘肃原有鞭杆技术的精华。缠海鞭杆主要传承和创编人王得功受业于马颖达、郑东海，系统继承了黄龙鞭杆、掉手鞭杆、铁门闩鞭杆、扭丝鞭杆、缠海十八招及其他散招，并对这些鞭杆技法进行了系统整理、探索研究。他多次求教于罗文源、管其泰、解延虎等人之后，于1976年着手创编了新的鞭杆套路体系，以适应新时期鞭杆的传承和发展。他把五阴、七手、十三法、缠海十八招及一些星散鞭式与自己所掌握的各种鞭杆套路结合起来，以缠海为鞭名，创编了兰州缠海鞭杆体系。自此，缠海鞭杆体系呈现于世人面前。

（3）完善成熟阶段。兰州缠海鞭杆经过王得功先生的创编和发展，得到广泛传播。王得功之子王建中深受父亲熏陶，在其父悉心教授下，全面系统地传承了缠海鞭杆技法体系。根据由简到难、由浅入深的原则，王建中配合其父创编完成入门级鞭杆套路，即入海鞭杆，同时完善了缠海

鞭杆训练方法。

兰州缠海鞭杆是武术鞭杆的一种，不同于民间所谓的"鞭杆"，兰州地方语称鞭杆为"三尺五尕棒子"。人们对做鞭杆的材料有相对严格的要求，既要坚固又要有韧性，一般选用白蜡木。鞭杆一般不宜太粗，鞭杆的小头，也就是鞭梢比大拇指略粗即可。鞭杆太粗动作出不来，太细演练起来人显得轻浮。鞭杆长度因人而异，大多以两臂侧平举，一臂伸直，另一臂屈肘，以肘尖到另一只手的中指指尖的长度为准，即通常所说的"把子顶肘，稍子顶手"，不可长也不可短，太长换把不灵活，太短技法无幅度，打不出劲道。也有以鞭杆的一头着地，另一头与胸平齐为准。此外，还有一种量法，即用自己握拳的宽度从棍一头至另一头，以 13 拳为宜。鞭杆的特点是长短适宜，运用方便，迅猛泼辣，梢把并用，把法多样，换手掉棒，适宜近距离激烈格斗。

鞭杆的握法分为双手握鞭杆法和单手握鞭杆法。双手握鞭杆法是两手分别握住鞭杆的两端，两手之间的距离大约与肩同宽，两端余出的棍头、棍把大致相等，两臂略弯下垂，鞭杆横置于小腹部，两手拳心朝下握鞭杆为阴把；也有一手拳心朝上握鞭，另一手拳心朝下的阴阳握鞭杆法。单手握鞭杆法，右手或者左手握鞭杆大头 7 寸（1 寸约等于 3.33 厘米）处，小头触地置于身左侧或身右侧，拳眼朝鞭梢者为正握鞭杆，拳眼朝下者为反握鞭杆。

兰州缠海鞭杆的基本步型有马步、弓步、虚步、仆步、歇步、麒麟步等，步法则以倒叉步、玉环步、跟点步、摧步（击步）、盖步等为主。鞭法有搬、拦、裹、劈、勾、挂、霍、剁、滚、格、墩、戳、砸、掠、挑、窝、飞、点、绞、压等，还有"倒把""换把""吊把""藏把"等独特妙招。

兰州缠海鞭杆的招法主要有五阴、七手、十三法、缠海十八招等。

其中，五阴是五个阴手把位招法的组合，即左闪滚进，上步外搬，跨步下砸，拧身撩裆，上架下截。歌诀如下：外搬滚进迎门点，抽鞭提打转把砸。撩挂换手当头劈，外搬内搬进步打。转环外飞击后脑，演会五阴逞刚强。七手是由鞭杆的七招精华组合而成的，歌诀如下：提撩进步把面刮，肘底砸把式难防。无中生有左右戳，铁扇封门带搬砸。挂打翻转稍把点，转环外飞斜劈鞭。认蹬上马两边跑，七手连招无对家。十三法是指十三个单式法，每个都可一左一右单独练习。这十三法分别是无中生有、十字八道、二回头、三格三砸、老翁挂拐、枯树盘根、认蹬上马、转环外飞、左右搬点、移步换形、扣佛穿喉、倒搬浆、铁扇子。十三法既是鞭杆的基本功，又是鞭杆的实用招法。缠海十八招则是十八个鞭杆技法的小组合，这十八招名称分别是横扫千军、老虎摔尾、猴子击鼓、二龙戏珠、虎卧中堂、太公搬桨、罗汉扫地、秦王挎剑、铁门横闩、凤凰点头、狸猫捕鼠、二郎担山、张良品箫、猿猴掉棍、迎风展旗、当头棒喝、铁牛犁地、脑后一窝蜂。

通过梳理兰州缠海鞭杆的传承人谱系（表 3-1），我们发现，被后人誉为"西北棍王"的王天鹏先生是近现代兰州缠海鞭杆第一代创始人。20 世纪 30 年代在山西运城做镖师的王天鹏，最初练形意拳等，后来为了学习甘肃棍术和鞭杆来到兰州，曾专门到临夏州学魏家天启棍，并得到真传；曾受教于兰州杨天成阿訇和兰州大佛寺住持田和尚，后定居于兰州专门研习天启棍和鞭杆。王天鹏在此期间正式拜马凤图为师，弃形意拳而专攻八极和劈挂，学有大成。王天鹏集鞭杆之精华创编了鞭杆技法五阴、七手、十三法，奠定了传统的缠海鞭杆套路基本框架。同时，他将马凤图从沧州带来的十三把的短棍技法及苗刀三十二式的技法和风格融入鞭杆，再加上通备门的独特劲道，缠海鞭杆迅猛剽悍、变化莫测。

表 3-1 兰州缠海鞭杆传承人谱系简表

代	传承人	个人简介及技法
第一代	王天鹏	祖籍山西，后定居兰州，在长短棍术方面有较高的造诣，被后人誉为"西北棍王"，师从"通备大师"马凤图，和罗文源一起创编缠海老架鞭杆
第一代	罗文源	祖籍兰州，师从王天鹏，是马凤图妻弟，在长短棍术方面有较深入的研究
第二代	管其泰	祖籍兰州，师从罗文源，擅长掉手鞭杆
第二代	解延虎	祖籍兰州，师从罗文源，擅长缠海十八招及鞭杆一些零星散招
第二代	邸世礼	祖籍兰州，师从罗文源，擅长黄龙鞭杆
第二代	郑东海	祖籍兰州，师从张百川，擅长铁门鞭杆、扭丝鞭杆等
第二代	马颖达	祖籍河北沧州，定居兰州，是"通备大师"马凤图的长子，精通枪法和鞭杆。受业于王天鹏和罗文源，创编缠海二路、缠海三路、缠海四路技法
第三代	王得功	祖籍兰州，师从马颖达、郑东海等多名武术家，系统继承了黄龙鞭杆、掉手鞭杆、铁门鞭杆、扭丝鞭杆、缠海十八招及其他一些零星散招，创编缠海一路技法
第四代	王建中	祖籍兰州，师从其父王得功。全面系统承传了兰州缠海鞭杆体系内容

现今流传的兰州缠海鞭杆，除王天鹏、罗文源演练的缠海老架鞭杆外，为适应国家武术竞赛对拳种技术的要求，还吸收了竞技武术的演练形式，并根据鞭杆的主要技法，吸取其他鞭杆套路的精华。马颖达为唐国寿参加全国比赛创编了缠海二路，在全国比赛上获得了金牌，又为天水李森林创编了缠海三路，为张飞鹏创编了缠海四路。而王得功创编了缠海一路。

图 3-1　王建中演练缠海鞭杆（张扬　摄）

后来在传习过程中发现大部分学员打不出缠海鞭杆的味道，即很难将基本的把法、身法、步法、劲力体现出来。20 世纪 90 年代，王得功与其子王建中（图 3-1）创编了更基础的套路，命名为"入海鞭杆"，即入海一路和入海二路。至此，缠海鞭杆技术体系基本成型。兰州缠海鞭杆经过王得功和王建中等人的传承与发展，先后在全国比赛中取得优异的成绩。例如，王得功在 1978 年韶山全国武术比赛及特邀代表演练运动会上表演的鞭杆得到许多专家的称誉，被评为优秀录像项目；1979 年，在南宁举行的首届全国武术观摩交流大会上，王得功凭借一路缠海鞭杆为甘肃队获得了唯一的金牌；1982 年，在陕西举办的第三次武术观摩交流大会上，王得功凭借一路缠海鞭杆再次获得金牌；在 1984 年甘肃兰州、1988 年辽宁锦州举办的全国武术观摩交流大会上，王建中在比赛中以二路缠海鞭杆均获得一枚金牌；1986 年，在徐州举办的全国优秀项目观摩交流大会上，唐生杰参赛的一路缠海鞭杆获得雄狮金奖；同年，王建中代表武警甘肃总队参加在南宁举办的全国武警运动会，再次以二路缠海鞭杆获得金牌，并被大会评为前八名优秀运动员之一，武警甘肃总队记予其三等功以资奖励；2011 年，兰州缠海鞭杆通过了国家非物质文化遗产专家鉴定组审核，被列入市级非物质文化遗产保护名录。

　　20 世纪末，除竞技比赛传承外，兰州缠海鞭杆在王得功和王建中两代

传承人的努力下，进入高校校园。一方面，缠海鞭杆成为普通高校体育院系专业课，如缠海鞭杆进入西北师范大学体育学院民族传统体育系，缠海一路成为民族传统体育专业的学生传统武术套路的必修内容。历经10余年，掌握兰州缠海鞭杆的毕业生已达300人，这些毕业生在各地进行教学时又进一步传播鞭杆技法，使得兰州缠海鞭杆传播范围大大增加。另一方面，王建中等人针对非专业院校学生没有武术基础、上手慢等特点，把入海一路、入海二路引入普通高校的公共课，使缠海鞭杆的受众面更广。此外，缠海鞭杆推广进入军队。近几年，缠海鞭杆传承人王建中受兰州市武警总队邀请，为兰州市特警大队的特警进行鞭杆教学。针对特警战士特殊工作的需求，主要传习缠海鞭杆里的散招，如三格三砸等实用性招法。兰州缠海鞭杆传承人还积极配合当地政府，让兰州缠海鞭杆走进当地老百姓生活，为推进全民健身和提升国民健康服务。例如，兰州缠海鞭杆加入兰州市振兴地方拳艺研究中心的培训工作，为中心会员提供指导和传习活动。在兰州的晨练点中，随处可见习练鞭杆者的身影。

第三节　蜡花舞

　　蜡花舞，当地方言称为"蜡花灯""蜡花盆""蜡花"。据《秦安县志》记载，蜡花舞相传产生于唐宋时期，距今已有1000多年的历史[①]。天水市秦安蜡花舞主要存在于乡村，以乡村社火为主要依托，是当地老百姓必不可少的民间传统体育文化活动。

---

　　① 《秦安县志》编委会. 秦安县志[M]. 兰州：甘肃人民出版社，2001：902.

中华人民共和国成立初期，因受到当地政府的重视和支持，蜡花舞得以在民间广泛流传，是当时各个村庄最为盛行的民间民俗传统文化活动。特别是在 1957 年，蜡花舞曾经代表甘肃亮相北京，参加了中国第二届全国民间艺术观摩会演活动，其精彩表演赢得了观众的好评。周恩来、朱德等领导人接见了来自甘肃的蜡花舞会演队表演者董烈儿、郭遂世、赵改儿、李珍英、郭存生、宋林林 6 人。在此次观摩会演中，蜡花舞被评为二等奖，随后应邀参加拍摄了《万紫千红》等影片（图 3-2）。

图 3-2　1957 年去北京参加蜡花舞表演者合影
注：秦安县郭嘉镇郭嘉村赵改儿（后排中）家中，刘茂昌 翻拍。

秦安蜡花舞发展到鼎盛时期时，已经遍及 7 个乡镇 240 多个村庄，成为 20 世纪 50 年代长年累月耕种在黄土梁峁沟壑的各个村庄的老百姓年头岁末必不可少的民间娱乐活动。20 世纪 60 年代中期到 70 年代末，蜡花舞的发展受到了严重的影响和制约，处于停滞状态和崩溃的边缘。到了 20 世纪 70 年代末和 80 年代初，秦安蜡花舞在各乡镇得到复苏，是春节后各村闹社火的主要内容，当时在甘肃秦安县城西北的安伏镇（安伏、安川、朱

峡、高峡、草湾、伏湾等村）、郭嘉镇（郭嘉、赵河、寺咀、槐树庙、窑坡、马峡、洛泉、负家崖湾、马咀、下山、胥堡等村）、魏店镇（魏坡、南岔、吊川、张家岔等村）、原吊湾乡（吊湾、刘湾、郭湾、杨湾、何湾、把龙、陈沟、月阳、张坡、孙坡、半墩、张坪等村）、王铺镇（王铺、贾岔、郭岔、阳洼、曹家湾等村）、原郭集乡（郭集、连湾、榆木、周岔、张咀等村）一带广泛开展，经常出现两三个村的社火队在同一村演出相遇的现象，可见当时蜡花舞表演的繁荣景象。正如郭嘉镇刘湾村 83 岁高龄老人朱让子所说："原来吃了上顿没下顿的人家都能吃白面了，大多数人家里粮食够两年吃了。各个村庄都喜气洋洋过年，当时刘湾村几个主事人从大年初一开始到各家各户找年龄合适的孩子练蜡花舞，庄里的几个手艺人用纸糊纸扇子和蜡花盆，扎狮子和旱船，擅长弹、吹、拉、唱的农民齐演练。全村男女老少热热闹闹办社火。邻村一听到消息也不甘示弱，也紧锣密鼓赶着办社火，周围十里八村，村村有社火，家家有演员。那一年，我们村接待了十几村社火队，正月初九那天我们村里来了三个村的社火队，每家好菜好饭款待社火队的人好几拨，尽管忙里忙外，心里可高兴了。"

1983 年前后，根据国务院文件要求，取消人民公社，实行乡镇制，之后蜡花舞主要在民间自发传承和发展。依附于当地的社火，蜡花舞成为春节过后当地老百姓参与最为广泛的民间民俗传统文化活动。20 世纪 90 年代，随着当地民众生活水平的提高和电视机的普及、外来文化的冲击和现代生活方式的改变，民间传统社火的开展大大减少，仅剩两三个乡镇的不到 10 个村庄，蜡花舞也随之衰落。但可喜的是，当地政府对民间传统文化活动日益重视，在每年举行的全县各乡镇民间传统文化表演中，郭嘉镇的一些村庄把蜡花舞作为代表性传统文化活动加入全县表演行列。自 21 世纪以来，不少村庄在春节期间组建蜡花舞表演队，参加县城会演和毗邻村庄串演，这成为当地民间民俗体育文化的一道亮丽风景线。

蜡花舞最早是吟诵辞赋时，为了表达情感而配以的动作。后来，蜡花舞逐渐由清唱演变成民间传统体育歌舞。由于整个蜡花舞表演过程持续时间较长，活动量较大，人们平日里以此为锻炼身体的方法，现在成了广场舞健身的内容之一。蜡花舞参加人员由过去的青年女子演变为中小学生，有的村庄还有男扮女装的男生参加。

蜡花舞具体表演时间从正月初六或正月初七到正月十五，以夜晚演出为主，个别村庄也有白天演出的。蜡花舞表演人数不限，一般是 4 人、6 人、8 人，最多不超 10 人，但县庆、市庆以及天水市纪念人类始祖伏羲、女娲时的大型表演会有几十人，甚至上百人表演。

蜡花灯内固定一盏点亮的小煤油灯，后来演变为小蜡烛，便于夜间表演。由于自然气候和人多拥挤，经常出现小蜡烛熄灭或点燃蜡花盆的情况，当地老百姓认为不吉利。到了 20 世纪 80 年代，当地传承人用节能环保的电灯泡代替了蜡灯，表演道具实现了一次飞跃。

在典雅细腻、优雅委婉的"秦安小曲"的伴奏下，表演者左手持灯，右手挥扇起舞。彩扇高旋平摆，花灯高托低绕，恰似花海起落。

蜡花灯仿花灯笼造型，高 25～30 厘米，上宽 20～25 厘米，下宽约 10 厘米。蜡花灯由 5 个面组成，形似上大下小的斗，上面是敞开的斗口，四周由 4 个梯形组合而成，并糊上绘有花卉、水果、鱼鸟等一些人们喜闻乐见的动植物等图案的白纸，接近底部固定一个四边形的小木板，便于放蜡烛或灯。各个棱用竹子和细木棍扎制而成，并延长 8～10 厘米作为持灯表演的手柄。蜡花灯上的装饰因不同地域而差别较大，4 个棱角贴有五色纸剪成的花纹，斗口四周各镶嵌一朵不同颜色的纸花。有的村庄蜡花灯靠近左肩一侧的一角镶有向前上方竖起的高50～75厘米，被折成"Z"字状的缠有彩色纸的木杆，且在杆梢上扎一朵彩色绸布假化，并悬挂一个彩色纸绣球[①]。表演者左手持灯，右手挥动由彩色绸布和竹条糊制而成的绿色、红色、粉色的扇子。

蜡花舞表演服装质地以丝绸为主，做工非常考究：上身为翠绿色或桃红色斜襟盘扣大襟上衣，领口、斜襟、底边与袖口镶有彩色的花边，镂空套头披肩由小珠子串成，下边缀着淡粉色穗子；下身为绣有牡丹花等图样的拖地百褶长裙，长尾辫子。表演者脚着软底平跟红色绣花鞋，鞋头顶端缀有蓝色绒花。20世纪七八十年代，表演者一般穿布鞋，如今表演者主要穿运动鞋和平底皮鞋。

蜡花舞的伴唱以"泰安小曲（秦安老调）"中的《四六越调》为主，有《穿字越调》《越调》《越尾》《十里亭》《满江红》等常用曲牌。唱词内容有反映历史故事（如刘备招亲、雪里访贤、赤壁鏖兵、送先生、昭君和番、伯牙抚琴、亚仙刺目等）的，也有反映神话故事（如八仙庆寿）和民间故事的，还有反映男女恋情（如想情郎、玉腕托柏、重台离别）、民间生活（如大捡柴、农家乐、好书房、割麦、剪窗花）、现实生活（如山清水秀、一门五福）的。此外，还有一些有唱词的老曲目，分大乐调（唱上一个完整的历史故事）和小乐调（以民歌为主）两大类，曲调高古而通俗，旋律简洁而丰富，唱法柔媚而雅致。

唱腔采用秦安当地方言，以唱来叙事，表达思想情感。唱腔曲调极为丰富且具有文人雅士的清雅格调。伴唱者2或3人坐在庭院主屋对面的方桌正后面，正对蜡花舞表演者，手拿摔子（碰铃）敲击节奏。伴奏有板胡1

① 周青. 甘肃秦安蜡花舞蹈形态及风格分析[J]. 北京舞蹈学院学报，2013（6）：95.

人，二胡 2 人，三弦 2 人①，笛子 1 或 2 人绕方桌而坐，方桌上摆有烟酒糖茶以及 4～6 盘小菜。

秦安蜡花舞表演队形随着伴唱而交替转换，基本与伴唱互相对应，在同一伴唱节奏下，其表演动作一般不会发生变化。比如，刚进农家庭院时，一般要随社火队老者和头人，彩旗队、狮子、锣鼓队等采用牡丹开花逆时针绕圈，采用秧歌步加小碎步前进。在农家庭院绕阵结束后，老者和头人烧香磕头，祭拜祖先，最后坐在上屋围着炕桌喝罐罐茶、吃小菜，和主人一起聊天话未来。

秦安蜡花舞动作细腻多变，朴素优美。右手摆扇动作有"高绕扇""平摆扇""夹摆扇""绕花背扇""转身绕扇""翻扇"等。蜡花舞表演时主要以碎步、八字步、秧歌步为主，表演者左右拧身摆头，左手的蜡花盆从高、低、左、右开始，随之变化，身体自然呈"S"形曲线摆动。蜡花舞表演主要的步法有"一字步""十字步""上提步""横移步""平踏步"等。据调查，蜡花舞表演队列变换复杂，形式多样，步法组合运用。常见蜡花舞队形有"一字队""两行队""牡丹开花""二龙吐须""龙摆尾""双绕圆""单圆"等。

以当地最有名气的郭嘉村蜡花舞表演为例，随着伴奏乐器的响起，8 个蜡花舞者从方桌正前面依次出场，右手舞高绕扇，采用小碎步向前进。第 1个和第 2 个舞者一般为老队员，分站在左右两侧，间隔距离 4 米左右，3、5、7 站在 1 之后，4、6、8 站在 2 之后，成为两列，前后间隔 1 米左右，所有舞者面向主房，左手持蜡花盆，右手舞平摆扇。随着乐调的改变，蜡花舞者将平摆扇变为"凤凰三点头"的高绕扇，紧接着升调，转为花绕扇，踏着十字步，持续 10～20 分钟。之后，曲调变换，蜡花舞队形变换为圆

---

① 刘茂昌. 大地湾民俗体育文化探析[J]. 体育文化导刊，2008（11）：38-39.

形，再根据曲调的降低，2 人一队进圈内表演，其他 6 人花绕扇，逆时针绕圈，轮换结束后变为原来的两列队形。再次转调，蜡花舞队形变为左右穿插 3 遍，采用一字横移步，结束之后还原成两列。其他队形变换有从排头开始依次进行 2 人一组背靠背的"双绕花"、里面顺时针外面逆时针的"牡丹开花"双绕圈、"八"字形钻空等。其中左右 4 人站立、4 人深蹲的波浪起伏舞扇，上下的花灯和高绕扇、平摆扇相配合，令人目不暇接，掌声笑声一片，此起彼伏。

蜡花舞除集体表演外，还和划旱船一起配合表演。旱船和艄公在中间，伴随着船曲《十绣》《割麦》《剪窗花》等曲调，蜡花舞者在两边或周围，采用十字步、小碎步，挥舞花绕扇，翩翩起舞。蜡花舞的技术虽然不算复杂，但是要练就娴熟的技术，将情感与身法、技法有机地结合起来，以技法表达人的内心世界，还需要舞者平日里勤学苦练，这与体育技术的掌握别无两样。

虽然当地有很多蜡花舞表演，但是在表演形式和内容上，山上村庄和川道村庄的蜡花舞各具特色。例如，大神仙梁一带的刘湾、吊湾、把龙、陈沟、月阳附近的三村八庄的蜡花舞服装、蜡花盆、表演形式、伴唱风格相近，很少有丑旦、货郎等其他角色表演；而显清河流域的草湾、朱峡、高峡、窑坡等村庄的蜡花舞表演中经常加入货郎、男女丑旦等搞笑角色；葫芦河流域的安伏、叶堡一带的蜡花舞表演中加入由中年人扮演的八仙、西游记中的师徒 4 人、大头弥勒菩萨 1 人、男女丑旦 1~3 人。男女丑旦无拘无束地穿插在蜡花舞女中间即兴做戏，耍丑逗笑，观者人山人海，场面热闹非凡。

蜡花舞民间表演主要有 5 个场所：

一是庙里或庙前小广场，称为"庙摊"。每年的第一场蜡花舞表演是伴随社火队进庙，在庙前进行的敬神娱神表演。由村庄中的长辈、老者、发起者、组织者代表全体村民烧香叩头，祈祷人畜兴旺、四季平安、消灾免祸、风调雨顺。蜡花舞表演长达1小时左右，伴唱采用一个完整历史故事的大乐调，是蜡花舞表演时间最长的时刻。庙摊一方面是为了娱神祈福，另一方面是为了集合村庄民众，几个主事者告知当年各项表演相关负责人员、参与家庭及注意事项，并公示捐款人、捐款金额及每家每户平摊费用等详细情况。

二是街道、村里的小广场，当地称为"官摊"，即公共表演场地。这里的蜡花舞表演场地较大，表演较为松散，参与互动较多，不像庙里表演那样严肃、整齐。看者众多，人头攒动，里三层外三层，围得水泄不通，热闹非凡。

三是农家庭院表演，称为"私摊"。当地老百姓有的为图来年人丁兴旺、生意兴隆，有的为镇宅祛邪、求保平安，也有的为入户禳院，自愿邀请蜡花舞队在自家院里或场里进行表演。全村男女老少跟着表演队走门串户观看表演，主人热情招呼，为表演者发糖果，锣鼓喧天，人声鼎沸，热闹非凡。这种场地的表演既能让一些年事已高的老人近距离观看表演，也能为邻里之间相互交流、化解矛盾提供机会。

四是出村庄互访表演。当地有邻村之间互访的习俗，就是往年你庄来我村表演，今年我村去你庄表演，礼尚往来，借此促进亲戚走动，扩大人际交流，加强村庄之间的联系。当下，随着当地村庄社火队的减少，一些多年没有社火队的村庄为了过年喜气热闹和加强交流，经常请邻村到本村进行表演。

五是广场健身。国家倡导全民健身后，民众已经从过去的被动健身逐渐变为主动健身。民众对于健身活动并没有严格的技术要求，他们认为只

要能够进行身体活动就能发挥强身健体的作用，因此，多选择自己熟悉的身体活动作为健身方式。随着当地越来越重视教育，郭嘉、王铺、安伏一带曾经跳过蜡花舞的中年妇女进县城陪读，学生上学之后她们无事可干，就加入广场蜡花舞健身的行列，成为一道亮丽风景线。加之县城中年女性也把舞台蜡花舞移植到广场舞之中，两者对蜡花舞道具、内容及队列队形进行适当改编，不仅丰富了她们健身活动的内容，还无形中促进了蜡花舞的普及。

蜡花舞长期流传于民间，自始至终没有脱离老百姓，因此一直以自娱自乐的方式存在于民间，是典型的原生态民间舞蹈健身形式，很少有职业艺人。蜡花舞传承方式较为简单，主要由村庄里掌握蜡花舞技能的传承人传授给适龄孩子，以口耳相传、言传身教、代代相传的模式为主，也有女承母业的家庭式的代际传承。当地社火队会派 1 或 2 位早年参加过蜡花舞表演的中老年人来挑选参加蜡花舞表演的人，主要考虑年龄、身高、协调性、身体健康、家长意见等因素，然后对进入蜡花舞队的表演者进行步法、身法、绕扇、队列队形的培训，并邀请精通和擅长蜡花舞表演的老人对表演者的技艺把关。

秦安蜡花舞的传承谱系中详细记录着中华人民共和国成立前后的传承人，主要有杨景山、王全静。1949 年后的传承人主要有赵改儿、郭遂世、张维西（图 3-3）。20 世纪 80 年代以来的传承人主要有赵永福、邵具存、徐德祥、郭建民、王芳等。蜡花舞民间传承是当地民间村庄内部的传承，依附于当地正月闹社火，由蜡花舞曾经的表演者郭建民、赵永福、邵具存、徐德祥分工负责，组织和选拔年龄适合的孩子进行蜡花舞基本步法、扇法、队列队形、基本阵法以及全套动作的传习。直到当下，这些年过花甲的传承人仍然活跃在民间蜡花舞表演和传承的一线，培养出许许多多的蜡花舞表演者。

图 3-3　蜡花舞第一代传承人展演

注：秦安县郭嘉镇郭嘉村盘龙寺，刘茂昌 翻拍。

左前 1 为张维西，左前 2 为赵改儿，右前 1 为郭遂世。

　　20 世纪 80 年代末，蜡花舞走出民间，走上舞台。蜡花舞舞台表演的创始人是原秦安县剧团舞蹈演员、后在秦安县文化馆舞蹈组工作的王芳。20世纪 70 年代末，王芳在下乡演出中初识当地的蜡花舞，并产生了浓厚的兴趣。她先后多次到郭嘉村跟随赵改儿、郭遂世、张维西学习蜡花舞的基本步法和挥扇技巧，在保留"高绕扇""平摆扇""绕花扇""一字步""十字步""横移步"等基本元素的基础上，对蜡花灯、表演者服装、表演队列队形进行改造，创编了适合舞台表演的蜡花舞，实现了蜡花舞的表演传承。在舞台上，蜡花舞由清一色的青年女子表演，她们左手拿一盏造型为盛开的莲花形的花灯，花心中空，其中放置一支蜡烛，右手持彩绸扇，手舞足蹈，动作连贯，细腻多变。花灯上、下、左、右变化摆动，灯光闪烁。表演者步法轻松自如，流畅舒展，姿态优美，形成了典雅而不失民间传统风格的表演特色。

蜡花舞早期是专属女子的民间舞蹈，非常讲究手臂、腰和腿脚的协调配合。执绸扇的右手不断地变换着动作姿势，而手握蜡化灯的左手处于相对静止状态，伴随着右手臂左右、上下的运动而自然协同联动。蜡花舞步法离地相对较近，前后跨步幅度较大，左右横移幅度较小，髋、膝、踝三关节协同配合，随着脚步的前后左右变换而转移身体重心。蜡花舞不仅能增强表演者躯干、上下肢及肌肉、韧带力量，也能提高表演者的身体协调性，使表演者的心血管系统、呼吸系统得到良好的锻炼，使其肺活量增大，达到增强心肺功能的目的。同时在婉转悠扬的伴奏和伴唱下，表演者心情舒畅，自然放松，达到健身、健美、健心的目的。

显然，当下蜡花舞失去了更多的原生态功能，但与耍狮子、摇旱船、卖货郎等一起构成春节闹社火，成为最受当地老百姓欢迎的娱乐节目。蜡花舞既是当地老百姓原始崇拜、文化传承的载体，又是增进亲情、促进交流的媒介。对于常年生活在黄土梁峁沟壑，干旱少雨、靠天吃饭的老百姓而言，蜡花舞还扮演着民间祭神祭祖、传统认同、增进友谊等角色。

第四节　顶杠子

顶杠子是生活在我国西北地区的祁连山北麓和河西走廊中部巴丹吉林沙漠最南端沿荒漠戈壁的裕固族的民间传统体育项目，流传于甘肃张掖市肃南裕固族自治县（以下简称肃南县）的皇城、康乐、红湾寺、明花、大河等乡镇，每逢裕固族传统喜庆节日、大型集会或体育比赛，便有顶杠子的活动。裕固族牧民在传统节日里头戴红缨帽或毡帽，身穿色彩艳丽的民族服装，有的骑着骏马，有的开着车，从草原四面八方聚集到一起，载歌载舞，开展顶杠子、赛马、拉爬牛、拔河等传统体育活动。

裕固族是甘肃特有的少数民族之一，人口较少，曾是先秦时期游牧于北方草原的丁零人及隋唐时期的回纥（后改为回鹘）人的后裔。现今的裕固族是以古代回鹘人的一支——黄头回鹘后裔为主体，融合蒙古族、藏族、汉族的成分而逐渐形成的民族[1]。裕固族说 3 种语言[2]：生活在东部康乐镇和皇城镇北滩、东滩以及大河乡大滩、红湾两村等地的裕固族人，使用属于阿尔泰语系蒙古语族的东部裕固语；生活在大河乡、明花乡和皇城镇金字滩、西水滩、西城等地的裕固族人，使用属于阿尔泰语系突厥语族的西部裕固语，大河和皇城有一部分人兼通东西部裕固语；生活在水关和前滩等地的裕固族人使用汉语。东、西部裕固语不同，汉语是东、西部裕固族人之间沟通交流的主要语言。

祁连山沟壑纵横的高山草原和河西走廊的戈壁、草原决定了裕固族以放牧为主的生活方式，也孕育了许许多多体育非物质文化遗产，其中裕固族的顶杠子是当前草原上喜闻乐见的民间体育活动。

顶杠子，东部裕固语称为"木尔格"。徐开仙、龚红生主编的《肃南裕固族自治县体育志（1954 年至 1994 年）》对此进行了介绍，并指出：裕固族人常在聚集场合中做顶牛游戏，比赛时，两个人分别将长 1.5～2 米的一根木棒（图 3–4）的两头分别顶在各自的肩胛，所站之处画有终线，谁能把对方顶过线为胜[3]。这里的顶牛游戏就是民间裕固族顶杠子的原型。顶杠子

---

① 刘茂昌，朱忠锋，王建民，等. 裕固族传统体育文化探析[J]. 军事体育进修学院学报，2010，29（2）：33.

② 李建宗，韩杰，阿尔斯兰，等. 裕固族口头文学研究[M]. 北京：民族出版社，2018：6–11.

③ 徐开仙，龚红生. 肃南裕固族自治县体育志（1954 年至 1994 年）[Z]. 内部资料，1997：20.

是裕固族传统的两人角力竞技活动，是一项最能体现个人力量、智慧魅力的传统体育活动。

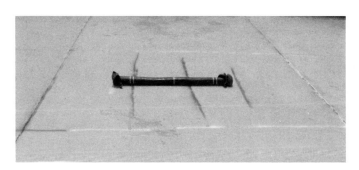

图 3-4 顶杠子比赛用杠子

注：肃南县明花乡开发区健身广场，刘茂昌 摄。

据说，顶杠子（图 3-5）这一角力竞技活动是由裕固族祖先在南西伯利亚大森林中的狩猎、采集等劳动活动发展演变而来的，这种起源说法因裕固族族源关系复杂而值得商榷。也有学者认为顶杠子是裕固族牧民在畜牧业生产中长期观察牛之间相互顶角而创造的一种传统体育活动形式，但在田野调查和文本文献中尚未证实。裕固族顶杠子最早出现在1999 年第六届全国少数民族传统体育运动会西藏分会场上，当时它是以裕固族歌舞形式进行的传统体育表演，展演成功后被引入当地的艺术节和传统体育运动会。康乐镇大草滩村首届艺术节和传统体育运动会中首次举办了顶杠子比赛，并得到裕固族牧民的积极响应和参与。自此，顶杠子在裕固族中广泛开展起来。顶杠子动作简单、易学，有益于培养顽强意志、抗衡精神，协调力量，备受广大牧民的认可，很快被植入肃南县各乡镇的传统体育运动会，并延续至今。

图 3-5　裕固族顶杠子

注：肃南县皇城镇，刘茂昌 摄。

　　顶杠子是裕固族民间体育文化的代表之一，在喜庆节日和重大的民族盛会，裕固族民众都要举行顶杠子活动，现已成为裕固族生活地区广为流传的传统体育活动。例如，在张掖祁连山冰雪旅游文化节上开展的雪地顶杠子比赛和表演推介活动，吸引了众多牧民和爱好者踊跃参加。

　　2007 年，裕固族顶杠子被列入张掖市和肃南县的非物质文化遗产名录。顶杠子因被列入非物质文化遗产名录而更加受到当地政府的重视及牧民的关注，现已成为肃南县各乡镇的裕固族传统文化艺术节和传统体育运动会上必不可少的比赛项目。2010 年以后，随着顶杠子在裕固族民间传统文化中的影响越来越大，肃南县民族歌舞团对顶杠子进行加工和改造，将其搬上裕固族传统文化表演的舞台，实现了舞台传承。最为可喜的是，裕固族顶杠子作为《裕固欢歌》的重要内容，登上了中央电视台《喜到福到好运到2019年春晚倒计时》的大舞台。

　　裕固族顶杠子的杠子长 1.8～2 米，粗 10 厘米左右。据说杠子是从腾格里大坂（裕固族人对祁连山的称呼）砍来的松树杆子，也有的说是裕固族游牧时搭建褐子帐篷角上的小木柱子。在杠子上涂上红、黄、蓝、绿彩色

的条纹，分别代表太阳、大地、蓝天和草原，与当地鄂博上斜拉羊毛线悬挂印有图案经文的嘛尼旗是一样的。杠子两头用蓝色或黑色绸布包起来，中间还扎有一小红带。顶杠子一般在草原上选择相对平坦的地方用绳子围起来，类似于拳击比赛的擂台，观众坐在四周观看比赛。场地是两个 3 米乘 3 米的正方形，并且在场地里面画 3 条线，这里的"3"是裕固族最初信仰萨满教里的数字崇拜的表现，代表着天、地、人，寓意吉祥平安。

裕固族顶杠子运动是一项角力活动，参与者不仅需要有强壮的身体，还需要有坚毅顽强的意志品质。因此，参加顶杠子比赛的大多是各村庄身强力壮的中年男性牧民，也有少年儿童，但不适合女性与老人。参加顶杠子比赛的两个人前后分腿，身体向前倾斜，不准在场地挖坑或通过附属物借力。两人顶在杠子的两头，两手握住杠端，木杠必须保持平衡，严禁任何一方抬高杠子一端，也不允许任何一方使木杠左右偏摆，更不允许在比赛过程中突然撒开杠子，可以使用左右肩窝或腹部顶杠子。由民间有威信、懂传统文化的老人、村干部或政府工作人员担任裁判员，裁判员有 3 或 4 人，一般包括 1 名主裁判员，2 名边线裁判员，1 名记录员。主裁判员在比赛双方顶住杠子稳定之后，吹响哨声，双方各自用力前顶，把对方顶出线者为胜。顶杠子比赛规则为单淘汰制，全场比赛均为三局两胜制，先用右肩胛窝顶，再换左肩窝顶，最后用腹部顶。一方先过中线为胜，一方摔跤或先出边线为败。第二局交换场地，换肩继续比赛。第三局交换场地后，将杠端顶在各自的腹部进行比赛。比赛中，顶杠子比赛对用到的 3 个部位有严格规定：从右肩到左肩再到腹部，按顺时针方向轮换。这与裕固族民间祭祀绕鄂博的方向是一样的，顺序不能乱，弄错了顺序会被认为不吉利。正如顶杠子市级传承人妥自江所言："别看我们裕固族人数少，但我们生活在戈壁这么艰苦的环境中，大家都非常不容易，因此，干什么事要图吉利，

希望家人平安，牲畜兴旺，因此顶杠子部位一定不能乱来，老人非常重视，在我们这一代人的手上一定不能丢掉祖先留传下来的好东西。"

顶杠子比赛双方用牧民认为最公平的方式——写阄、抓阄来决定，先是两两配对对抗，胜者进入下一轮，败者淘汰。然后抓阄，再配对，直到决出最后胜者。过去赢得比赛的一方将获得牛羊等奖励，现今还有数额不等的奖金。

裕固族顶杠子具有较高的健身和健心价值。参与顶杠子活动既能提高手臂、胸部、腰腹部、背部以及腿部的力量，又能提高神经系统的灵敏性。

裕固族顶杠子器材简单，不需要很大的投资，并且不受时间、场地限制，可随时随地举行。裕固族人在参与顶杠子的过程中，在重温和体验这一古老运动带给他们的心灵慰藉和精神享受的同时，又必须承担一定的身体负荷，并借此提高身体素质，达到强身健体的效果。

裕固族顶杠子既包含了原始崇拜等传统文化，又蕴含着丰富的时代精神价值：第一，娱神娱人，凸显草原牧民的生存智慧。裕固族牧民生活在高原缺氧、寒潮霜冻、冬春干旱少雨等灾害天气频发的环境中，这一切困扰着裕固族牧民，民间通过艺术节和传统体育运动会来达到娱神、娱人的目的，希望把自然灾害的影响降到最低，祈求风调雨顺，人畜平安，食物充盈。这与我国很多农耕地方的搭台唱戏、跳神一样。裕固族顶杠子是通过比赛形式达到娱神目的的，最终希望在艰苦自然环境中的牧民过上幸福的生活。第二，族群优秀的民族文化基因组合与延续。顶杠子看似简单，实际是一项将人体的力量、柔韧、协调和智力融为一体的全身性运动，并不仅仅是力量的较量，也是智慧的比拼。角力运动是游牧民族的最爱，顶杠子是角力运动的形式之一，是古老的角力抗衡的延续。

对于生活单调的草原牧民而言，裕固族顶杠子是不同年龄层次的人们

互动、交流、娱乐的最佳平台，老年人借此聚到一起追思过去，年轻的男女牧民借此机会挑选心仪的配偶。

裕固族顶杠子蕴含了牧民长期放牧生活的智慧，并且广泛流行于草原牧民之中。当前，裕固族顶杠子作为体育非物质文化遗产，传承人有安吉祥、杨发荣、妥自江以及学校传承人高学平。学校、草原赛马场、社区小广场、冬季牧场的定居点成为传统文化的传承场域。其中，肃南一中、二中、职中及各乡镇中小学通过传统体育社团活动构建学校传承场域。随着传承者离开草原而到县城或乡镇定居点上学，学校成为顶杠子等传统文化传承的主场域。顶杠子传承方式不再是师傅带徒弟、家族式代代相传，而是多元化传承，如开展顶杠子训练和比赛，体系化的学校教育传承，各种纸质和影像资料的大众媒体传承，顶杠子雕塑、博物馆和文化场馆实物传承，以及舞台表演传承等。顶杠子传承不仅有"器物"层面的物质保障，也有国家法律、制度、政策等硬控制层面的保障，还有民间民俗、民风等软控制层面的保障。

第五节　万人扯绳赛

万人扯绳赛是一种大型的拔河比赛，早期叫"施钩""牵钩"，老百姓叫"扯绳"，近年又叫"万人拔河"。2001年的万人扯绳赛被载入吉尼斯世界纪录；2006年，万人扯绳赛被列入第一批甘肃非物质文化遗产名录。

1949年以后，万人扯绳赛成为群众性体育活动的重要内容之一，由政府发放必要的经费进行支持，现由临潭县文体广电和旅游局及城关镇总体指挥，由农民文化宫管委会具体组织实施，于农历正月十四至正月十六晚上举行，寓意是借正月伊始有个良好的开端，以求来年风调雨顺、五谷丰登、六畜兴旺、家人平安。参加者不分男女老少、不分民族，参与人数 8 万～10 万不等。比赛分界点最初是在临潭县西城门，现以县城小广场十字街为界。以北属上片，以南属下片。上片有城关镇的古城、上河滩、郊口、左拉、八龙、苏家庄，卓洛乡、古战乡、长川乡、完冒乡、冶力关镇、羊沙乡、藏巴哇乡、洮砚乡、合作市等地，下片有城关镇的下河滩、城内、教场、青崖、西庄子、杨家桥，初布乡、羊永镇、流顺乡、扁都乡、店子乡、王旗乡、三岔乡、总寨乡、木耳镇、大族乡、卡车乡、岷县等地。上、下片分别往各自的方向扯绳，场面宏大壮观，极为热闹。

万人扯绳赛中传统的绳是用雄雌两根大麻绳，绳头直径约为 20 厘米，俗称"龙抬头"，赛前将绳捆扎成"头连""二连""三连""连尾"（俗称"双飞燕"），绳长达 300 米，两股绳之末又连若干小绳。捆绳时间一般是农历正月初六开始、正月十二结束。近年来，由于参与人数越来越多，为了防止绳断受伤，以及保证比赛顺利进行并分出胜负，扯绳由大麻绳改为钢丝绳，总长度达 1808 米，重约 8 吨，其"龙头"直径为 16.5 厘米，"龙尾"直径为 6 厘米。从汉族、回族、藏族中选出身手麻利的年轻力壮者担任连手[1]，并由连手在光滑不易发力且容易伤手的钢丝绳上缠上麻绳。在"祭龙头"（绳头）结束之后，连手将龙头和龙身摆在扯绳的主要街道上，为即将开始的扯绳赛做好充分准备。比赛时，连手负责维护比赛秩序。

万人扯绳赛由当地人称为"把杠子"或"杠子手"的青壮年担任"连手"。"连手"，顾名思义，是指专门连接两根绳子"龙头"的人，其实就是扯绳时的两位裁判员。"连手"是从扯绳手中选出的手脚利落、力量大的有

---

① 赵利生，陈芳芳. 多民族"万人扯绳"与内生性民族关系研究[J]. 甘肃社会科学，2014（1）：241.

多年参加比赛经验的扯绳手。"连手"都继承了"家传"绝活，子承父业，非常受人尊敬，只要一吆喝，其他人就会自觉地给他让路。当然，"连手"既要负责连接双方"龙头"，又要负责评判每局的胜负，还要负责"龙头"附近扯绳手和观众的安全事宜。比赛开始前，举行双方"龙头"连接仪式。当"龙头"前的环对接时，扯绳的雄环穿过雌环并折出。由"连手"用大锤将梭形的木头楔子嵌入小环，将雄雌两条扯绳连成一体。连绳过程颇为周折，参与者群情激昂，跃跃欲试，双方暗中较劲，互不相让，扯绳双方出现时进时退的"斗绳"场面，反复多次后才能将绳连起来，显示出扯绳双方对"哪片扯绳赢了，哪片庄稼就能丰收"习俗的重视。

9 时左右，明月当空，比赛开始，以鸣炮为号。数万参赛者一拥而上，分扯绳两端，展开角逐，双方指挥的哨子声、参赛者的呐喊声、观众的加油声融为一体，直震云霄。参赛者如愤怒的狮子拼尽全力扯绳，双方你来我往几个回合，最后扯向一方。如果比赛一方败局已定，"连手"用铁锤敲出木橛，两绳头断开，一局比赛宣告结束。比赛 3 局，最后获胜者把失败者的拔河绳拖出 1 千米以外，丢在河滩上或草地上以示本方胜利。第二天上午，失败者安排人把本方绳拖回来，准备晚上再决雌雄。同时，上下片派人到所居住片区，发动更多的人参加，以期获胜。这样的比赛持续到正月十六日晚上，总共比赛 9 局，累计赢 5 局以上的为胜方。比赛结束，胜利方兴高采烈，欢呼雀跃，互相祝贺，预示来年丰收好运。失败方连声叹息，垂头丧气，惋惜没有把好运赢回来，只能把希望寄托于来年再战。

万人扯绳赛是一项全民参与的传统体育文化活动。由最初的"以占年岁丰歉"到当前"把好运扯过来"，反映出临潭县各族群众丰衣足食、国泰民安、安居乐业的愿望和诉求以及民族团结和互助的意识。万人扯绳赛曾在 20 世纪 70 年代一度被迫中断，但在改革开放以后，重新出现在当地老

百姓欢度元宵节的活动之中，并延续至今。特别是1990年北京亚运会期间，由甘肃省体委（现为甘肃省体育局）呈送展出的临潭万人扯绳电视纪录片，受到国人和外国友人的关注和好评。新华社香港分社记者王振山在《中国体育报》上发表了题为"巨龙滚动闹元宵——洮州万人扯绳奇观"的报道。2000年，中央电视台《中华民族》栏目报道了临潭万人扯绳活动。2001年正月十四，中央电视台《走进西部》栏目组进行了现场采访报道。万人扯绳赛以其绳之最重、直径最大、长度最长、人数最多的特点于2001年被载入吉尼斯世界纪录，并在2006年被列入第一批甘肃非物质文化遗产名录，当地政府和民众更加重视万人扯绳赛活动，通过举办各种比赛增大其影响力，并且利用其影响力拉动当地旅游经济的发展，真正造福于当地百姓。例如，2007年临潭县冶力关镇举办了"冶力关杯"全国拔河锦标赛暨洮州第618届万人拔河展示赛。2008年临潭又成功举办了第619届万人拔河赛，参加扯绳的各民族群众近10万人次。2009年，临潭县被中国拔河协会授予了"全国拔河之乡"的称号。

随着社会的发展，极具地域特色的临潭元宵节万人扯绳赛逐渐由传统体育比赛活动发展为多民族交往、交流、交融的桥梁，真正彰显出新时代多民族和谐相处的"生存性智慧"。

第四章
甘肃体育非物质文化遗产传承人

第一节　兰州太平鼓传承人

早在 2006 年,兰州太平鼓就被列入第一批国家级非物质文化遗产名录,成为甘肃地区体育非物质文化遗产的代表。兰州太平鼓素有"天下第一鼓"的美誉,它与安塞腰鼓、威风锣鼓、开封盘鼓、凤阳花鼓并称为"中华五鼓",与"五岳"齐名。

太平鼓是人类较早发明的乐器之一。兰州市永登县乐山坪出土的新石器时代的马家窑类彩陶鼓是太平鼓的雏形,史学界称它为鼓的"鼻祖"。

一、魏永宏

对于国家级非物质文化遗产兰州太平鼓的传承人魏永宏而言,太平鼓是他这一生所追求喜爱的传统文化。素有"太平鼓王"之称的魏永宏自改革开放以来,就一直潜心钻研太平鼓文化与其制作工艺。出生于 1952 年的魏永宏并不是木匠出身,自小就深受身为木匠的姑父的影响,自己也暗下决心要成为一名能工巧匠。1968 年,16 岁的魏永宏正式开始了学艺生涯,他被大队推荐到皋兰县城五七干校的木工班进修学习。这次来之不易的机会让这个努力钻研、刻苦认真的少年练就了一身本领。据魏永宏回忆,当时的学习条件着实艰苦,冬天没有炉火,夏天楼顶常常漏雨,教室如同水帘洞一般,仅有的练习木板被水泡坏,急得大家团团转。他走在路上看到木头就赶紧捡回来练手,晚上睡觉梦里都在锯木头。经过艰苦付出,魏永宏成了木匠班手艺最好最扎实的那一个。手艺学成后回到家乡的魏永宏成了当地小有名气的木匠,基本上当地的木工活他都能胜任。随着人们的要

求越来越高，魏永宏开始琢磨雕刻漆画的手艺。这为魏永宏学习太平鼓制作手艺打下了坚实的基础。1986 年，改貌换新的社会氛围让魏永宏开始了太平鼓的制作。新的经济形势下，很多手艺人都另谋出路了，魏永宏发现太平鼓制作的市场空白后，一心扎入这个领域并不断努力，终于得到了广泛认可，手艺日渐纯熟，当地文化机构也将很多制作机会给了他。功夫不负有心人，在 1990 年亚运会上，兰州太平鼓成为名震一时的表演节目，其文化内涵、鼓点旋律、动作表现都得到了国内外的广泛赞誉，而这些表演用的鼓都出自魏永宏之手。自此，魏永宏成了名声大噪的"太平鼓王"。魏永宏兴奋地说："当年我一口气骑车 30 千米，到了市里面见了领导，领了任务，不分昼夜赶工，一个半月就造了 100 个鼓，那时候年轻气盛，为了那次机会，浑身是劲，想着怎么也把活做好了。就为此事，从来不责骂徒弟的我头一遭因为一点瑕疵骂了徒弟。"由此可见，执着的匠人定能出好活！

二、赖新年

兰州太平鼓的传承与传播是众多传承人共同努力的结果，对太平鼓的传承与发展做出卓越贡献的赖新年就是传承人之一。1945 年，赖新年出生于皋兰县铧尖村，他的家庭也正是有着浓厚太平鼓传统的大家族。赖新年的爷爷是当地赫赫有名的太平鼓队的骨干成员，他对于爷爷的印象并不深刻，但是常常听到乡亲邻居们对他爷爷太平鼓技艺的赞美。在太平鼓的"大轿迎宾""黄河儿女""擂台比武"表演中，村里面老一辈人对他爷爷和父亲赞不绝口，这对还是少年的赖新年来说是巨大的诱惑，也使他对爷爷和父亲极其崇拜。依靠其与生俱来的打鼓天赋，和对于祖辈父辈的打鼓技艺的耳濡目染，赖新年小小年纪就成为全村的执鼓人了。这件事还得从赖新

年十五六岁时说起。当时近百人的村子里只有 8 只太平鼓，对于铧尖村的村民来说，拥有一只太平鼓是一件无比光荣的事情，执鼓人大部分都是村里太平鼓技艺很有成就的人。听着人们对爷爷和父亲的夸赞，看着大家聚在一起挥动着大鼓，赖新年早就想上手一试了，可是这鼓只有执鼓人才可以打，其他人动了鼓会受到严厉的责备，他就更没有资格打鼓了。他平日里常常自己琢磨技法，偷偷学习，而且受到了父辈们的指点，早已具备了这一能力，所以在腊月二十二的晚上，他跑到庙里面偷偷取出了最响的那一只太平鼓，村里人发现后便都让他耍一段。这一耍，行家们都惊讶地竖起了大拇指，赖新年也就成了村里最小的执鼓人，他的太平鼓事业就此拉开帷幕。

1990 年，赖新年腰挎魏永宏亲手打造的兰州太平鼓奔赴亚运会的表演现场，在此期间，赖新年成了太平鼓队最为重要的核心人物。作为教练员，赖新年潜心钻研打鼓套路，在原有基础上献计献策，改编创新，为节目的成型贡献了巨大力量。创新后的太平鼓不局限于鼓点和击打，更多地加入了甘肃的地域文化特色，同时保留了太平鼓原有的历史意义，如战阵摆列等军事元素，祭祀庆典等民间文化的体现，要求走鼓、骑鼓、转鼓、闪鼓、鹞子翻身等一系列移动甚至更高难度的击鼓打法。赖新年在表演兰州太平鼓的过程中还融入了小洪拳的武术特色。赖新年对兰州太平鼓技艺有 60 年的苦练与研究，为兰州太平鼓千年历史的再现做出突出贡献。

三、王延江

铧尖村是兰州太平鼓文化渊源之地，也是人才辈出之地。为人低调的王延江便是隐藏在民间的太平鼓高手，也是年轻有为的兰州太平鼓传承人。1972 年出生在铧尖村的王延江深受太平鼓文化的影响，如今已经成为兰州

太平鼓文化市级传承人。王延江淳朴低调、谦虚和善，精通太平鼓的击打与指挥，是兰州新区铧尖盛世太平鼓文化传媒有限公司的发起人之一，也是兰州永宏太平鼓艺术团总教练。到目前为止，王延江已在国内四十几座城市的学校、部队、商场、社区等地组织教鼓，表演数百场，教授几千人，在兰州太平鼓的传播过程中起到了重要的作用。

在 1990 年的亚运会上，18 岁的王延江腰挎兰州太平鼓，打出了兰州太平鼓的精神与文化，更打出了兰州太平鼓的魂，他的队伍凯旋后成为当地赫赫有名的太平鼓队，很多人慕名来学习太平鼓技艺。逐渐成长起来的王延江成为鼓队核心，但是看着老鼓手们"退休"，年近 50 的王延江道出了他的无奈与担忧："如今愿意打鼓、想要打鼓的人越来越少，兰州太平鼓文化面临着无接班人的尴尬局面，兰州太平鼓的这面旗子我还能摇几年，等到我摇不动了、老了，可怎么办？现在要是有人愿意学，我定毫无保留地传授于他！"现在王延江依旧每日进行着他的太平鼓事业，没有放弃，相信随着国家政策的大力支持与民间社团组织的协助，兰州太平鼓文化定能传扬发展。

第二节　兰州缠海鞭杆传承人

武林有云，"南拳北腿，东枪西棍"，可见西北地区的棍法极具特色与影响。甘肃自古以来就是武术圣地，尚武之风盛行，其棍术在武术界享有盛誉。

棍分长短，甘肃地区一般把长棍叫棍子或条子，立起来一般到人站立时棍梢在眉毛之处，所以又称齐眉棍或五尺棍。而短棍一般称为鞭杆，其长度约为为一臂加一肘的长度。作为甘肃本土的武术流派，鞭杆以多变、轻巧、灵活、精悍、隐秘等特点成为甘肃最具特色的传统武术器械，在黄河两岸生生不息地流传着。

兰州缠海鞭杆是鞭杆万花筒中的一枝独秀。其技法多样，特点突出，鞭把鞭梢并用，短兵长打，力如鞭抽，攻防兼备，招法凌厉，把法多变，步法灵活，身法敏捷。谈及兰州缠海鞭杆，不得不提鞭杆造诣颇深的王天鹏、罗文源、管其泰、解延虎、马颖达、王得功、王建中等武术前辈。他们为缠海鞭杆的创编、传承、发扬做出了卓越的贡献。

时间追溯到 20 世纪初期，当时的"西北棍王"王天鹏还只是二十来岁的年轻人，那时甘肃地区习武之风盛行，王天鹏自幼跟随父母学习形意拳，有扎实的功底，来到兰州后便拜有"神棍"之称的杨炳文为师，学习西北棍法，并深得其真传。王天鹏又向兰州德胜镖局镖头郭发鹏、郭发柱兄弟学习钩镰枪、朴刀等器械，随后在兰州一镖局干着护镖保镖的行当。后来镖局关门，王天鹏便拜师马凤图学习通备武艺。王天鹏在数十年的习练中武艺大涨，拳械、长短棍更是颇有所成，在棍法、鞭法上的造诣尤为突出，成为第一代"西北棍王"。1933 年，王天鹏在甘肃国术馆担任武术总教头，在杨炳文和马凤图的指导下，结合自身条件，将杨炳文的鞭杆精要与马凤图的通备劲融为一体，整理创编出鞭杆精要五阴、七手、十三法，使得鞭杆技法在前人基础上有了质的飞越，这正是缠海鞭杆最初形成的样子。

五阴、七手、十三法可以称为缠海鞭杆的精华所在，歌诀后半句还有缠海十八招。提及这十八招，不得不再提到另一位武林前辈——罗文源。罗文源是继王天鹏后的第二代"西北棍王"，他虽然年少，但武术造诣颇为高深。罗文源跟随姐夫马凤图先生学习通备武艺，又师承杨炳文、王天鹏学习西北棍鞭，同时跟随蒲团棍名家边古、梁子才等习练棍法，在棍、鞭

上大有所成，后将通备劲融入鞭法，在与王天鹏等前辈共同创编出缠海鞭杆的五阴、七手、十三法后，更是琢磨钻研出缠海十八招的经典技法。这十八招，与前面提到的上半句歌诀，组成了西北武林脍炙人口的"五阴、七手、十三法，缠海十八招"的歌诀经典。

一、罗文源

罗文源一生追求精湛的鞭杆技法，尤其是对缠海鞭杆的技法总结更是精益求精、苦练琢磨，真正将鞭杆技法练到了出神入化的程度。可以说，罗文源在棍术鞭杆上的造诣与贡献使得西北武艺尤其是西北棍法、鞭法进入了一个新的历史时期。罗文源平时不善交际、无意收徒，其弟子屈指可数，但很有建树，管其泰和解延虎便是他最为得意的两个弟子。管其泰为人和善，但性情彪悍、身体素质强健，演练风格刚猛迅劲，善使短棍鞭杆，拳术造诣也颇深。解延虎性格则与他的老师罗文源相似，同样不善于交际，却对武艺如痴如醉。他常常独自在人烟稀少的山林习练武艺，将空余的大部分时间都花在了练武上面。就连他所居住的十平方米左右的房间也好似一个练功房，里面处处可见用来练功的器械，最显眼的是炕边摆放的几根光亮的鞭杆。对于缠海鞭杆，解延虎有自己的独到见解。他认为武术就是技击，所以他的一招一式都以技击为主，对每一个招式都有深刻的理解，如"短遇长，脚下忙""一招先，十鞭随""十打不如一扎""鞭不走空"等，都道明了鞭杆的精髓所在。正因为解延虎对武术的矢志不渝、刻苦勤奋，作为老师的罗文源才将很多鲜为人知的鞭杆技法都传授给了他，尤其是缠海鞭杆的缠海十八招。这些看似零散的招式其实才是缠海鞭杆最具特色的实战技击方法，然而真正学习领悟的人寥寥无几。

二、王得功

王得功自幼学习甘肃地方拳种八门拳械。20 世纪 60 年代初，王得功跟随马颖达习练通备拳械，又受教于罗文源习练鞭杆及棍法，并且在此期间勤加习练两翼通备、扭丝棍、蒲团棍、风磨棍、劈挂刀等各类拳械，经过武术界各个前辈的精心指点，其武艺得到了极大提高，尤其是缠海鞭杆的成就颇丰。根据王得功遗留的文字记载可知，唯有王天鹏先生未曾谋面，罗文源、管其泰、解延虎、马颖达等武术名家都对他的武艺做过指点。王得功这样说道："在向他们数十年登门求教中，他们个个身怀奇技，各有所长，别具特色，如罗文源之细腻的通备身法和长短棍术掉把换位的巧妙；马颖达之脆快利落，潇洒飘逸；管其泰之勇猛急速，劲力淳厚；解延虎之灵活奇巧，功力深厚。在他们精湛技艺的熏陶下，我在鞭杆艺术上受益颇深。"王得功受到如此之多的武术界名家的指点和教学，其鞭杆技艺更是了得。

王得功先生于 1976 年前后，对缠海鞭杆进行重新梳理、创编，以最初鞭杆独有的"五阴、七手、十三法、缠海十八招"为基础结合掉手鞭杆、黄龙鞭杆等特有技法，再加上一些独具特色的星散手法组成大体框架，又以通备劲的迅猛刚烈、开合吞吐为基本身法劲道，经过不断地演练磨合，创编了一路缠海鞭杆，并在第一届全国武术观摩交流大会上获得一等奖。随后，通过甘肃各位武术界前辈的共同努力，经过长时间的推敲演练，王得功先生进行了二路、三路缠海鞭杆的创编，在延续一路缠海鞭杆的特色的同时，更提升了节奏感、鞭法技法以及组成套路的组合动作，如缠海十八招中的"青龙摆尾、大树连根倒、罗焕上楼台、拍子鞭、招手唤罗成"等，使得缠海鞭杆套路更加丰富。

三、王建中

缠海鞭杆在甘肃地区流行开来之后，不论是甘肃土生土长的八门拳械还是通备武艺，都能够将缠海鞭杆融合发展，不过真正能够掌握鞭杆精髓的人却不多，而且继王天鹏、罗文源之后，真正掌握"五阴、七手、十三法"的习武之人本身就不多，因为鞭杆技法、手法多变，要求劲道身法更加困难，缠海十八招的技法并未传给更多人。王得功在自述中提到，罗文源因解延虎吃苦耐劳、痴迷武术，便传给了他。王得功在向解延虎学艺时，因解前辈家中出了祸事，所以缠海十八招只学了一部分，以至于很多人都在质疑缠海十八招是子虚乌有的事情，这也是缠海鞭杆的遗憾。不过通过王得功先生的努力，缠海鞭杆焕然一新，他将毕生所学传授给了儿子——王建中。王建中自幼随父亲王得功习练八门拳械，又学习通备武艺，他本人擅长翻子、劈挂、八极，对短棍刀剑都有高深造诣。他在跟随父亲王得功系统练习缠海鞭杆的同时，也对其他棍法进行了钻研，对天启棍、扭丝棍、风磨棍、蒲团棍等都有所习练研悟，这使王建中在棍法上的造诣有了更大的提升和融通。随后，王建中在全省全国各大赛事上获得金牌，再次让缠海鞭杆名气大增。时至今日，王建中先生依旧继续着缠海鞭杆以及其他甘肃特有传统套路的传播与传承，他的学生遍布全国，依旧继续着甘肃优秀的传统武术文化、缠海鞭杆精湛技法的发扬延续。

王建中感慨道："缠海鞭杆成为非物质文化遗产项目也算是完成家父生前的愿望，标志着对缠海鞭杆的保护与传承走出了坚实的一步。不过，缠海鞭杆是一门武术技击，更是一门需要苦练的功夫，随着时代的推移及现代社会的变迁，习练缠海鞭杆的人逐渐减少，在技艺习练方面大不如老一辈武术家。"我们在与王建中的交谈中得知，眼下最为成熟且普及的传播模

式便是学校传播。除此之外，还有社会团体的传播、军事机构的传播以及其他媒体的传播等。学校传播拥有稳定的教学对象、配套规范的课程以及稳定成熟的习练时间和考查制度，特点是受众多、范围广，但是传承的质量得不到保障。特殊专业或是特殊学校，如体校、武校或是高校中的武术专业等，是缠海鞭杆乃至传统武术文化传播传承的重要途径。早期，通备宗师马凤图创办了甘肃省国术馆和青海省国术馆，并在 1945 年后兼任西北师范学院体育系副教授。"西北棍王"王天鹏是甘肃省国术馆的教练员，王得功曾担任甘肃武术队教练员，王建中创办甘肃飞天武校等，都力图通过学校传承武术。

此外，甘肃传统武术传承传播还离不开民间武术社团的贡献。缠海鞭杆作为甘肃传统武术的代表之一，其知名度与普及度在习武之人中还是极高的。在各个民间习武社团中基本人人都能露两手，这与王得功当时在创编缠海鞭杆套路时遵循的原则有关。其中有一点原则便是组合为套路便于记忆与习练，对最基本的单招单式或是最具特色的组合进行创编。缠海鞭杆在创编之初便要求因人而异，使得民间习武之人能够据其所长、为其所能。这样，民间组织社团的大部分习武之人都成了缠海鞭杆的传播者和保护人。

我们在与王建中的交流中发现，王建中对于传统武术的传承具有较为先进的理念：首先，一定要跟随时代的变迁而进行自我改变。冷兵器时代的打杀已经过去，现在的人更多的是对生活质量的追求，缠海鞭杆除最初的技击性外，还需要具有健身性、竞技性等符合现代社会习武标准的特点。其次，因人群而异，既要普及化，又要精英化。通过对缠海鞭杆的再塑造，不仅要广泛传播，达到普及的目的，还要作为传统武术，不能丢失其真正的技击本质。因此，在要求更多人习练的同时，应培养真正习武者对缠

海鞭杆精英化目标的追求。最后，依托其他机构组织进行缠海鞭杆的传播与保护。当下多元文化汇集的大环境对传统武术的传承发展造成了冲击，所以需要更多的媒介正确看待传统武术、看待武术的传播与发展，也通过其他机构给予更多的支持与帮助，这样缠海鞭杆才能向好的方向发展。

第三节　蜡花舞传承人

一、赵改儿

赵改儿（图 4-1），汉族，农民，甘肃省非物质文化遗产保护名录"蜡花舞"的省级传承人。赵改儿出生于梁峁沟壑纵横、川地少山地多、东西临两小河谷、西北依"二神仙"梁的小川道。这里自清朝嘉庆年间就是秦安县四大商埠重镇之一的郭嘉咀头，也就是现在的甘肃省秦安县西北面的郭嘉镇郭嘉村。长期以来，当地人过着面朝黄土背朝天、靠天吃饭的农耕生活，春天少雨干旱，夏天多雷

图 4-1　秦安蜡花舞省级传承人赵改儿

注：秦安县郭嘉镇郭嘉村，刘茂昌 翻拍。

阵雨，秋天阴雨绵绵，冬季寒冷少雪，艰苦的地理环境塑造了人们"耕读传家"的生活理念。这种"耕读传家"的家庭环境孕育了赵改儿活泼开朗的性格。上初中时，赵改儿经常参加公社和学校组织的各种文艺演出活动，

并在年头岁末参加当地民间自发组织的蜡花舞表演。1956年，当地的蜡花舞经过县、地区、省级层层选拔，最终代表甘肃民间节目参加全国民间文艺节目会演。1957年，赵改儿与董烈儿、郭遂世、李珍英、郭存生、宋林林等一起到北京参加蜡花舞表演，并得到了国家领导人的亲切接见。

赵改儿作为蜡花舞第二代传承人，跟随已故杨景山学习蜡花舞，跟随已故柴应全学习当地民间伴唱"小曲"，自唱自舞。她参加完全国会演后，还参加了县、公社、大队组织的各种蜡花舞表演。其子女没有继承其蜡花舞表演技艺，但赵改儿培养了弟弟赵永福和县文化馆工作人员王芳等作为第三代传承人。

赵改儿表演蜡花舞时动作大方，身体配合协调，姿态优美，节奏明显，嗓音圆润。她不仅掌握了蜡花舞"小碎步""一字步""十字步""上提步""横移步"等步法，还掌握了难度较大的高绕扇、平摆扇等摆扇动作（图4-2）。赵改儿还掌握了秦安小曲中的《四六越调》《穿字越调》《越调》《越尾》《十里亭》《满江红》等常用曲牌中的各种唱词唱法。她在北京全国民间文艺节目会演的舞台上边唱小曲边跳蜡花舞，反响热烈。赵改儿结婚后，依然与郭遂世一起参与当地蜡花舞的保护和传承工作，经常从基本动作、姿态、步法、节奏配合等方面指导后来的蜡花舞表演者。他们对当地民间蜡花舞表演队形的创新发展提出了宝贵的指导性建议，同时在蜡花舞走出民间、走上表演舞台的过程中，对道具改造、队形编排也提出了建设性意见。赵改儿在六十多岁时还惦记着蜡花舞的传承和保护，甚至生病时也对蜡花舞念念不忘。她的儿子雒正平说："大年初六，听到村里打鼓击镲声，她要看小孩子跳蜡花舞，说要教一教小孩子蜡花舞摆扇子动作和各种步法，她坐在椅子上指导孩子们。老人太爱蜡花舞了，这是她生命中的一部分了。"

图 4-2 秦安蜡花舞省级传承人赵改儿展演

注：秦安县郭嘉镇郭嘉村，刘茂昌 翻拍。

二、郭建民

郭建民（图 4-3），汉族，农民，生于 1952 年，甘肃秦安县郭嘉镇郭嘉村人。小学五年级时（1964 年）参加蜡花舞表演，当时蜡花舞随社火队（当

图 4-3 秦安蜡花舞传承人郭建民

注：秦安县郭嘉镇郭嘉村，刘茂昌 摄。

地民间称"鼓狮"）到别的村庄表演，当地人称出庄。20 世纪 60 年代，蜡

花舞随社火队出庄表演，吃住在别人家里。当地老百姓不愿意把在生理期女孩子留宿家中，认为大过年的不吉利，故表演蜡花舞的女孩子由男孩子代替，男扮女装。因此，天生性格活泼开朗、动作协调、擅长表演的郭建民被社火队的主事者叶春生挑选到蜡花舞队，成为当年6个蜡花舞表演者之一。

在生活困难的年代，进社火队跳蜡花舞对一个家庭来说是件荣耀的事情。正如郭建民所讲："当时我们家里兄弟姐妹多，口粮又少，生活困难得很，爸爸妈妈在生产队劳动挣工分养活我们一大家子人。大人们对我疏于管束，小时候我很调皮，上树摘果子，爬崖掏鸟窝。看到跳蜡花舞的小孩子能吃上白白的馒头、有肉的烩菜和细粮面，还能吃到水果糖，可羡慕了。当听到叶爸爸让我跳蜡花舞时，太高兴了，心里咚咚咚地跳，飞快地跑到家里告诉大人，高兴得一夜都没有睡着。爸爸妈妈也满脸喜悦，忙前忙后，到处张罗着，准备服装和新鞋子……"

郭建民有6个子女，其中第4个女儿连续3年参加蜡花舞表演，然而随着年龄渐长退出蜡花舞表演。当时与郭建民一起参加蜡花舞队的有段家珍、蔡增生、王长梁、孟明勤、邵具存等人，其中大多数人因外出工作、远离家乡而退出蜡花舞的传承，只有郭建民和邵具存两人没有离开郭嘉村，一直参与蜡花舞的传承。郭建民自20世纪80年代起一直培养和指导蜡花舞传承人，先后培养蜡花舞爱好者50余人。

20世纪80年代，随着民间传统文化活动的恢复和振兴，当地群众对20世纪五六十年代队形简单、动作单调的蜡花舞逐渐失去兴趣，特别是到县里和乡镇会演时，老百姓渴求本村庄蜡花舞表演超越邻村。郭建民看到这种情况后，有了对蜡花舞进行改革创新的想法。

"在我们乡下干一件事很难，地方小，人少，事情多。当时我把想法一

说，遇到了很大压力，村里很多人认为我是出风头，炫耀自己，就反对对蜡花舞进行改编和创新，甚至有人骂我。我的长辈、亲戚也劝我，别让村里人戳脊梁骨，别给家里惹麻烦事。特别是有个别老艺人也不认可，当时我很痛苦。到底为了啥？还不是为了蜡花舞表演更好看，吸引更多的观众，能在县里和乡镇比赛中，比别的村庄的好看一些。村里也有人支持我，尤其是我跳蜡花舞时的几个主事者特别鼓励我去编排创新，才坚定了我的信心。但如何编排创新，心里没底啊！我挖空心思地想。最后想到借用戏台上秦腔武打戏的出场、对打、退场等表演形式对跳蜡花舞的表演入场、队列队形、退场进行编排，并把原有'高绕扇''平摆扇''绕花扇'等右手摆扇动作和'一字步''十字步''横移步'等步法融入各个环节，也把徐德祥创编的挽高扇致谢观众的结束动作加进来，就形成了现在表演的蜡花舞。"

郭建民对蜡花舞单调的动作、单一的步伐、简单的队形进行有机组合，丰富蜡花舞动作程式的同时，对蜡花舞者也提出了挑战，更是把村庄民众的自豪感和凝聚力融入蜡花舞。郭建民对民间蜡花舞的传承和保护起到了至关重要的作用，受到当地老百姓的认可。

三、王芳

王芳（图4-4），汉族，生于1962年，甘肃秦安县兴国镇人，秦安县文化馆工作人员，市级非物质文化遗产保护名录中"蜡花舞"的代表性传承人。高中时（1976年）以舞蹈队员的身份被招进秦安县文化宣传队，先后参加样板戏、秦腔、舞蹈的培训和下乡演出。20世纪90年代，多次参加县城重大文艺节目的策划、编排工作，并担任主持人。1983年参加郭嘉村、原吊湾、安伏镇、叶堡镇等乡镇的下乡慰问演出时，她在当地民间社火队中发现独具特色的蜡花舞表演，对其产生了兴趣。

图4-4　秦安蜡花舞市级传承人王芳

注：秦安县文化馆，刘茂昌　摄。

王芳从1989年首次培训60名中学生参加全县文艺演出至今，先后培养蜡花舞表演者300余人。

在蜡花舞传承谱系中，王芳具有特殊的身份，她既是外来参与者，又是蜡花舞舞台表演传播者。当时，蜡花舞主要是在村庄内部传承。蜡花舞并没有严格的师徒关系，传承对象相对较为宽泛，不论男女，外人也可以参与和学习。当时已对蜡花舞非常感兴趣的王芳，回忆起第一次到老艺人那里学蜡花舞的经历，感触颇深。

"我记得那年春节天气很冷，家里人都走亲戚、访朋友。我一个人，第一次搭车去郭嘉村学蜡花舞，很多村里人还持异样眼光看我。托人多方打听，我才找到了蜡花舞老艺人们，但老艺人们没有想象中那样热情，也不太愿意给我传授蜡花舞。可能是老艺人们在观察我是不是学蜡花舞的'苗子'，或者还是有其他的想法。第一次没有接纳我，我基本是碰了一鼻子灰。当时我很委屈，身边很多同事和朋友都说当地蜡花舞很'土气'，没有舞台上的现代舞蹈华丽好看，秦安小曲、三弦等伴奏简单，很难吸引观众，你

学会蜡花舞有啥意思。但我觉得蜡花舞就是我们秦安县民间舞蹈艺术，外来舞蹈再好也是别人的，代表不了我们当地传统艺术。因此，我反复去郭嘉村拜访老艺人们，一次次拜访，一次次交流，我学蜡花舞的真心诚意打动了老艺人们，他们才开始传授我蜡花舞最基础的动作。现在想起来，那些委屈太值了，不然蜡花舞不会走上舞台。"

20 世纪 80 年代末，王芳跟随赵改儿、郭遂世学习蜡花舞，不仅掌握了蜡花舞的基本步法和左手挥扇技巧，还发挥本人的舞蹈天赋。她还跟随当地唱秦腔戏剧出身的张维西学习蜡花舞，并借鉴了赵改儿、郭遂世、张维西表演的特长。在保留高绕扇、平摆扇、绕花扇和"一字步""十字步""横移步"等基本元素的基础上，她对蜡花舞舞台艺术进行了加工和改造，使蜡花舞成为秦安县大型文艺晚会上最具当地文化特色的民间传统节目。当然蜡花舞在被搬上舞台的过程中也遇到很多困难和阻力，但最终还是挺过来了，登上了各种演出的大舞台。正如王芳所说："那个时候，改革开放时间不是很长，大家经济条件有限，喜欢蜡花舞的老年人很少有机会到剧院看表演。当时很多人追求时尚的音乐和舞蹈，对蜡花舞舞台表演不太接受，认为民间蜡花舞动作比较粗糙，伴奏音乐简单、服装不华丽，舞台效果不好等。当时还有些领导也不太支持，但最终还是坚持下来了。"

后来，蜡花舞的舞台演出越来越多，在演出过程中王芳发现道具难以携带，容易损坏。工芳首先对蜡花舞道具进行改造。例如，用纸糊的蜡花灯和悬挂的绣球，存在纸花容易损坏，随时需要修补，携带不方便等问题，导致在舞台上难以呈现出较好的舞台表演效果。王芳借鉴佛教的莲花台制作了简易实用的塑料荷花灯，内插一道具蜡烛。其次，她根据舞台表演艺术要求，对蜡花舞表演队形进行舞台创编。最后，统一表演服装，规定表演者性别、增加人数，打破年龄限制。例如，2005 年，中国天水伏羲文

化旅游节暨庆祝建市 20 周年秦安蜡花舞演出人数达到 46 人，打破民间表演者 4～8 人，最多 10 人的限制，并且表演者都是青年女子（图 4-5）。蜡花舞出现在了各大舞台和艺术节。2007 年，天水市公祭女娲大典中有蜡花舞演出；2008 年蜡花舞表演亮相在广州举办的中国民间艺术节；2016 年 9 月秦安蜡花舞在香港参赛展演；从 2002 年起，蜡花舞表演出现在历年的秦安县春节联欢晚会上等。

图 4-5　2005 年秦安蜡花舞表演队

注：秦安县文化馆，刘茂昌　翻拍。

第四节　顶杠子传承人

一、索纳木昂什

索纳木昂什，汉名为安吉祥（图 4-6），裕固族，肃南县康乐镇大草滩村人。1964 年，他出生于以养牛饲羊为主、四季不时转场、纯粹牧业的大草滩村。9 岁以前，他一直跟着祖母尕里昂生活。安吉祥的祖母出生于裕固

族乃蛮部落，牧地辽阔，于 1980 年（84 岁）以民主人士当选为年龄最大的
肃南县政协委员。安吉祥的祖父安贯布什嘉是当地最后一个部落首领，也
是中华人民共和国成立后的第一任肃南县县长。安吉祥的父亲是草原上的
民间艺人，擅长手工雕刻、木工、皮匠，并且精通裕固、藏、蒙、汉等语
言。安吉祥的祖母和父亲对其后期发展产生了较大的影响。安吉祥兄弟姐
妹都是裕固族非物质文化遗产传承人。

图 4-6 裕固族顶杠了传承人安古祥
注：肃南县县城，刘茂昌 摄。

安吉祥 1973 年在原康乐区（现康乐镇）开始上小学和初中；1980 年，
他回到牧区参加灭旱獭、修路、砍伐树木、放羊、修牛羊圈等生产队劳动；
1983 年 10 月参军，1986 年 10 月退伍。在军队的 3 年间，安吉祥受过 7 次
嘉奖，荣立三等功 1 次，成为预备党员。退伍待业期间曾当过村委会会计
和县印刷厂临时工人。1990 年 3 月，他以民族上层人士后代的身份被安排
在县农牧局和县政府办公室从事后勤管理工作。1997 年，他当选为肃南县
政协委员。2000 年，他到兰州理工大学成人教育学院的经济管理专业读书，
2002 年 6 月毕业。安吉祥先后在县政协办公室、县委统战部、民族宗教事

务局等部门工作，精通东部裕固语和汉语，并擅长唱裕固族民间传统民歌。

根据肃南县委、县政府的要求，在第六届全国少数民族传统体育运动会上，一定要把裕固族传统体育、民歌及舞蹈结合起来呈现给全国各族人民。因此，安吉祥以裕固族歌手的身份被列为裕固族民间传统体育表演项目创编人员，其中还有歌舞团的舞蹈演员和 8 个有体育专长的裕固族小伙子。大家集思广益，群策群力，最后议定以徐开仙、龚红生主编的《肃南裕固族自治县体育志（1954 年至 1994 年）》中的顶牛游戏创编裕固族表演项目。在此之前，在裕固族生活的草原上没有顶牛的传统体育比赛。当时创编面临诸多困难，文献描述中顶牛的杠子粗细没有规定，并且如何顶，在哪个部位顶，是面对面顶还是背对背顶等问题困惑着大家。安吉祥受草原上裕固族搭建褐子帐篷的启发，解决了杠子问题。他认为作为马背上的游牧民族的裕固族，无论游牧到哪里，都与木杠子有千丝万缕的联系。用搭帐篷的木杠子作为顶杠子的工具，更加凸显了裕固族传统文化特色。最终，大家商议决定，杠子长 2 米左右，直径为 10 厘米左右，大致和帐篷立柱一样粗细，并在杠子两头扎上保护用的海绵或者软棉垫子，从而使具有裕固族草原特色的顶牛实现华丽转身，成为裕固族顶杠子。

裕固族人搭建帐篷时需要强壮男性牧民。在顶杠子比赛形式的选择上，根据草原上搭建帐篷时需要 4～6 位裕固族牧民用前胸扛着木杠子的一头，产生两个人面对面用前胸顶杠子的形式。当然，作为全国少数民族传统体育运动会的表演项目，表现形式不能太单调，遂在两人一组顶杠子的基础上，融入裕固族民歌舞蹈，在杠子中间绑上代表吉祥的白色哈达，表演者穿上民族服装等形式，增添了裕固族民间宗教和牧民传统文化元素。在裕固族民歌的伴奏下，4 队顶杠子队列队形进行不同形式的组合，如 2 人对顶、4 人交叉顶、1 人顶 2 人等，并用右胸、左胸、腹部不同部位变换顶杠子。

在安吉祥及表演团队参加完全国少数民族传统体育运动会之后，在肃南县康乐镇大草滩村举办的首届艺术节上顶杠子被列入比赛项目，由于项目简单易行，很快受到当地牧民的欢迎并踊跃参加。后来，县城和各乡镇也把顶杠子列入艺术节和传统体育运会比赛项目。各乡镇在杠子的颜色、中间哈达、两头垫子、比赛部位、动作姿势、比赛场地上进行了创新发展，更加地凸显裕固族传统文化的元素，如皇城镇、明花乡和康乐镇各具特色。同时，肃南县民族歌舞团把顶杠子作为裕固族民间传统文化的代表搬上表演舞台，在肃南县历年民族重大盛会和肃南县成立 50、60 周年庆祝大会上，艺术化的顶杠子成为不可缺少的项目。更为可喜的是，裕固族顶杠子与打酥油茶一起登上了 2019 年央视春晚的舞台。

安吉祥作为裕固族顶杠子的创始人之一，通过言传身教一直推广和宣传这项活动，经常到现场指导顶杠子比赛。其子在他的影响下，也经常参加裕固族顶杠子比赛。当下，安吉祥为了保护和传承顶杠子和相关传统文化事宜，从裕固族中选择了 10 个具有顶杠子天赋的爱好者进行文化传承，并对顶杠子进行创新。

二、才儿担

才儿担，汉名为杨发荣（图 4-7），裕固族，牧民，大岔村原党支部书记。杨发荣精通西部裕固语和汉语。1963 年出生于肃南县西南面大岔村，父母是原国营大岔乳品厂的工人。杨发荣受教育始于"马背学校"，后来到大岔小学读书，1977 年在肃南一中上初中，1979 年初中毕业后回原国营大岔牧乳品厂。杨发荣曾经当过草原上扫盲班的"马背老师"和兽医保健员。此外，他在 1988 年成为原国营大岔乳品厂的工人，1991 年于厂部机关从事管理工作。直到 2002 年原国营原国营大岔乳品厂企业改制，撤厂变村，划归大河乡管辖，成立大岔村。杨发荣放弃进城工作的机会，扎根草原，成为四季转场的牧民，并担任大岔村党支部书记至 2022 年。由于身体素质出众、比赛成绩突出，加之超强的组织协调和沟通能力，他被认定为市、县级非物质文化遗产保护名录中"裕固族顶杠子"的代表性传承人。杨发荣还擅长骑术，是大河乡回鹘部落赛马协会会长。经常参加肃南县索朗格国际赛马场的走马比赛，并多次获奖。

图 4-7　裕固族顶杠子县级传承人杨发荣

注：肃南县县城，刘茂昌　摄。

出生在祁连山草原的杨发荣非常擅长顶杠子，自 2007 年起每年参加大河乡牧民文化艺术节和传统体育运动会的顶杠子比赛，并且 2007 年、2008 年连续两年获得大河乡传统体育运动会顶杠子冠军。杨发荣既是裕固族顶杠子社会传承中承上启下的继承者，又是推广顶杠子活动的践行者。在每次顶杠子比赛中，杨发荣都与牧民一起参加，并且经常对年轻牧民进行口传身授，和他们分享顶杠子的经验，传授他们顶杠子的技术动作，分析顶杠子时的发力过程，传授他们比赛相持中憋气和换气的技巧等。

为了裕固族顶杠子文化的传承，杨发荣疏于照顾生病的妻子（安立香），后来妻子的离世给了他很大的打击，但其仍对裕固族顶杠子不离不弃。正

如杨发荣所讲："我老婆在世时，经常劝我。你的爱好是赛马，别逞能！顶杠子那都是二十几岁的年轻人参加的，非常危险，搞不好会弄伤自己，或者是把别人弄伤。女儿（杨惠梅）也对我说'阿扎（西部裕固语"爸爸"的意思），我看你还是别比了，其他人都比你高、比你胖，放弃吧。但我最终打败了所有的参赛选手，赢得了冠军。最让我心里不安的一件事是：那年我组织大岔村牧民在草原进行顶杠子比赛，妻子的病犯了，我在山里手机没有信号，没有接到她的电话，直到晚上回到家，老婆已经被送到了医院。医生把我训了一顿，说这样重病的人，还敢把她一个人留在家里。老婆说，你要顶杠子，还是要我。她生气了好几天，女儿也经常抱怨我不管她妈妈，现在想起来挺对不起老婆……"

杨发荣作为一个牧区基层工作者，舍小家为大家，默默地传承着本民族民间传统体育文化，守护着裕固族顶杠子等体育非物质文化遗产，践行着体育非物质文化遗产传承人的责任。他利用裕固族牧民每年农历四月祭鄂博的宗教信仰习俗，组织大岔村牧民顶杠子、摔跤、小型赛马、拔棍、拉爬牛、跳锅庄、打摞抛等传统体育比赛。随着裕固族越来越重视文化教育，参加传统体育顶杠子、赛马的青少年越来越少。针对民间举办比赛的时间和学生上学时间的冲突，杨发荣在暑期专门组织大岔村民间传统体育文化活动，让中小学生走进高山草原与家长一起参加顶杠子、赛马、摔跤等传统体育活动，亲近大自然。活动中，由牧民讲述顶杠子、赛马等民间传统体育的故事以及如何保护草原生态环境，通过现场观看牧民比赛，青少年在享受祁连山草原风光和裕固族民间传统文化大餐的同时，培养了青少年的民间传统体育文化意识。

三、妥自江

妥自江（图4-8），裕固族，农牧民。1971年，妥自江出生于河西走廊中部莲花村。莲花村坐落于地势东南高、西北低，平均海拔1400米的巴丹吉林沙漠西南沿沙漠戈壁地带的肃南县原莲花乡。后来随着撤区并乡，妥自江迁居到现在明花乡开发区的双海子村。2015年，妥自江被认定为张掖市级顶杠子非物质文化遗产传承人，也是肃南县县级顶杠子传承人。2000年，他开始参加县乡各级顶杠子比赛，屡创佳绩，成为当地知名的顶杠子选手。他先后获明花乡第一、二、三、四、五届农牧民运动会顶杠子第一名；2004年、2025两年连续在肃南县少数民族传统体育运动会上获得顶杠子第一名。

图4-8　裕固族顶杠子传承人妥自江

注：肃南县明花乡双海子村，刘茂昌 摄。

妥自江曾跟随生活在莲花村的父亲妥进智一起参加顶杠子比赛，父亲把顶杠子的身体姿势、用力顺序等心得经验传承给他，妥自江在总结父亲经验的基础上，形成了自己的风格，不断创新，多次获得乡镇和县级顶杠子比赛的冠军。

随着年龄的增长，妥自江身体出现疾病，但仍没有离开顶杠子活动。在每年明花乡艺术节和农牧民运动会上，他不仅参与组织顶杠子比赛，还兼任每次比赛的裁判员（图4-9）。"我参与组织顶杠子比赛以及当裁判员的过程中，可以为年轻的牧民传授裕固族顶杠子技术和民间传统文化，还可以把更多的牧民小伙子吸引过来。现在明花乡各个村的小伙子大多是冲着我来的，主要是我拿过肃南县顶杠子冠军，他们想让我把顶杠子的动作诀窍教给他们，好去参加全县的比赛。"

图4-9 裕固族顶杠子传承人妥自江（中位）担任裁判员
注：肃南县明花乡开发区广场，刘茂昌 摄。

妥自江取得的优秀成绩和拥有的高超顶杠子技术受到当地牧民的认可，因此，有很多牧民想拜他为师，学习顶杠子。妥自江选传承人的标准较为严格，首先看爱好。传承人爱好顶杠子活动是先决条件，并且人要机

灵，善于观察细节。其次看天赋。传承人要身体健康，壮实又匀称，力量大，躯干和腿部瞬间爆发力强且会发力。经过多次观察和筛选，妥自江最后决定收安吉良为下一代传承人，不仅传授他顶杠子的动作技巧，还从杠子的选择、杠上的装饰品（中间哈达）、杠子两头的护品、顶杠子的场地、裕固族民间传统文化和习俗禁忌等方面传授他相关的知识。在顶杠子的技术动作中，妥自江总结出顶杠子要领：一要手抓稳，二要身体重心低，三要蹬地腿发力。

妥自江总共指导各行各业中顶杠子爱好者 20 余人，他对顶杠子的保护和传承起到了承上启下的作用，也对顶杠子成功申报省、市级非物质文化遗产起到了至关重要的作用。

四、烨冷

烨冷，汉字名为高学平（图 4-10），裕固族，现为肃南一中体育教师。高学平精通东部裕固语和汉语，1982 年出生于肃南县皇城镇东滩村。其祖辈生活在肃南县原康乐乡杨哥村的乃蛮部落，1958 年从杨哥村搬迁到皇城镇东滩村。高学平出身于四季转场的牧民家庭，1990 年在东滩小学读书，1995 年在肃南二中上初中，1997 年进入张掖体育运动学校摔跤专业训练，2001 年进入甘肃体工大队摔跤队进行专业训练，2005 年到西北民族大学体育学院攻读本科，2007 年毕业后到肃南二中担任体育教师，2010 年调到肃南一中工作。高学平身材高大壮实，力量大、耐力好，被张掖市业余体校选中，专业训练摔跤，曾参加过自由式摔跤比赛，也参加过蒙古式摔跤比赛，取得了较优异的成绩。从专业摔跤队退役后，皇城镇每年举办艺术节和传统体育运动会，高学平都是顶杠子、摔跤、甩石头、射弩、赛马的高手，受到裕固族牧民的尊敬和崇拜。高学平不仅掌握了顶杠子等裕固族传统体育

技术，还懂得这些民间传统体育的训练方法和手段。因此，他长期担任肃南一中顶杠子、摔跤、拉爬牛、拔棍、高脚竞速、板鞋竞速等传统体育社团指导教师。

图4-10　裕固族顶杠子校园传承人高学平

注：肃南县县城，刘茂昌 摄。

高学平充分借助学校这个平台，发挥自身拥有的裕固族传统体育文化优势，通过肃南一中学生传统体育社团，向中学生宣传裕固族民间传统体育文化。先后培养裕固族、藏族、蒙古族等少数民族学生40余人参加甘肃省少数民族传统体育运动会以及肃南县和各乡镇民间传统体育运动会，一部分学生已成为民间传统体育传承的主力军。可以说，高学平是裕固族传统体育文化的践行者和传播者。

第五章
甘肃体育非物质文化遗产的
保护与开发

第一节　甘肃体育非物质文化遗产潜在资源

2004 年，中国正式加入联合国教科文组织的《保护非物质文化遗产公约》，这标志着中国政府正式将非物质文化遗产的概念和具体文化事项纳入视野，并以此形式与国际文化体系进行接轨。我国拥有悠久的历史、多元的民族文化，具有极其丰富的非物质文化遗产，在未加入国际组织之前，我国政府始终视中华民族文化为民族的支柱，通过各种形式予以保护，民间的各种稳定的民风、民俗对非物质文化遗产也发挥着保护和传承的作用。加入该公约无疑能够进一步促进中国非物质文化遗产的保护和传承。

非物质文化遗产有着悠久的历史，蕴含着丰厚的底蕴，在主流文化的制约下，它们力量微弱，逐渐被边缘化。但是，毋庸置疑，它们是文化的根基，是一个民族的文化源泉。如今政府组织保护大大促进了非物质文化遗产的良性发展。

非物质文化遗产是一个相当广泛的范畴，涵盖人类生产、生活活动的方方面面，具有极其广泛的民众基础，是一种如影随形地影响民众行为和精神的重要文化。人类社会从体能社会转向智能社会后，身体活动具有亘古不变的唯一性。从起初的随意的肢体活动到有意识的身体行为都是建立在人的身体之上的活动，这些身体活动有机地构成了民族体育的身体文化。但是必须看到，绝非所有的身体活动都能够成为民族体育内容，其中有部分内容仅仅是元素类的内容。如果将民族体育分成玩耍、游戏、体育几个阶段，那么这些元素类的内容尚处在玩耍和游戏阶段，可以说是民族体育或者是体育非物质文化遗产的潜在阶段，是体育非物质文化遗产的潜在资源。

一、身体潜在资源

我们认为民族体育是指某族群、民族在特定时空中，通过身体行为，以主体的自我对作为客体自身，主动进行生命塑造的人类活动。在这个概念中，其关键词包括族群、民族、身体行为、主客合一和生命塑造。这是民族体育概念的核心结构，由此衍生出特定的功能和价值。每"种"东西有其所"属"，有其所"差"。物的"种"是以其"属"和"差"定义的。"属"和"差"就是描述该物种的"本质"[①]。民族体育这种文化属于塑造生命的身体活动，它与本能的肢体活动存在差异，是一种以身体行为为主体的活动；不同的族群采取的方式和方法各异，表现出明显的地域特征。因此，民族体育是特定族群、特定时空中的生命塑造活动。在"民族"之前，可以通过定语加以界定和限制，如中华、东乡族、保安族、裕固族、撒克逊等称谓便可界定一个特定的群体，加上远古、古代、中世纪、先秦、盛唐、传统、现代等限定词则能够表明特定的历史阶段。由此可以看出，民族是该概念的核心。

民族体育概念中"身体行为"是体育与其他人类活动的重要区分点。张洪潭认为："体育这种肢体活动与人的其他各种肢体活动之间又有什么不同？……但最根本的区别只是一条，那就是人的主观意图。人所从事的各种肢体活动均有其目标追求，或劳动成果，或怡情娱乐，或康复病患，或余暇消遣，或祭祀祈盼，或武功备战，唯独体育这种肢体活动不追求任何实用，其目标指向只在于强化体能。"[②]张洪潭没有进一步分析肢体活动，实际上他所认为的具有主观意图的肢体活动就是本书将要进行分析的身体

---

① 梁鹤年. 西方文明的文化基因[M]. 北京：生活·读书·新知三联书店，2014：74.

② 张洪潭. 从体育本质看体育教学[J]. 体育与科学，2008，29（2）：82.

行为。他最终认定体育的本质是永无止境地强化体能①。在这段论述中，张洪潭虽然说体育不追求任何实用价值，但是体育实则是非常实用的强化体能的方式，就是运用身体行为长期合理塑造生命的身体行为方式，这种对生命进行塑造的过程是具有强烈实用价值的人类活动。在人类社会文化中，只有具有实用价值的事项，才能够长久的存在，否则其存在的空间会受到极大的影响。

张岱年认为文化就是人化。人类对自身的不断塑造是一种自然的人化活动，故体育是文化。在这个文化体系中，主体是有机体的主观意识，客体是人的有机体，通过身体行为将两者有机地融合在一起，实现了主客体合二为一。身体行为具有一定的指向性，是一种专门的系列技术动作，通过这种周期性的、合理的能量代谢水平的技术动作，完成对人的体能的不断提高和体质的不断增强，达到对人类生命进行塑造的文化目的，这也是一个化人的过程，进一步说明体育是一项十足的文化活动。从我国的传统文化中我们可以看出，文化的主体实施者——人，从来都是主客合一的，没有主客区分的表现。"我思"必须建立在"我在"的物质基础上，没有"我在"的客观存在，何谈"我思"？从这一点上看，我国的民族体育文化为人类文化作出了不可估量的贡献，对人的客观价值给予了始终不变的认可。

受自然地理、人文社会等因素的综合影响，不同地域产生了不同的体育，经义化熏陶演化出色彩缤纷的民族体育文化。民族体育特指某族群、民族在特定时空中进行的体育活动，它作为体育的重要组成部分，是体育文化的重要根基和分支，表现出浓烈的地域人文特征，拥有不同的文化势能。中华民族体育在主客合一的原则下，将人的一切活动融为一体，没有表现出明显的肉体、精神的分离。因此，中华民族体育表现出浓厚的生活

① 张洪潭. 从体育本质看体育教学[J]. 体育与科学，2008，29（2）：81-86.

气息，民族体育行为与生活行为的密切程度远远高于其他民族体育，这使如今很多的研究成果误将生活行为当作民族体育行为的情况频频发生，而这种情况的发生使原本人们的生活行为被当成了体育行为，如打麻将，将原本祭祀的活动也当成了体育行为；如裕固族的祭鄂博马上活动；云南一带少数民族的东巴跳、阿细跳月。文化发展到一定阶段后，均会自成体系，原本依附于、寄存于这些文化体上的民族体育元素也有了自身的体系、结构和功能，现在依然从起源阶段的视角看待民族体育，可能会产生不必要的混乱。

体育是人类各个族群、民族在不断认识自己的过程中发展起来的。无论是古希腊还是古代中国，对人的认识都存在种种局限，突破这种认识局限是人类在漫长的、运用各种身体行为完成生命塑造任务的历程中实现的。在不断改造肢体活动、提升身体行为的过程中，人化的能力不断加强、精神不断升华，从而使体育成为人类社会中最能体现人的意志和本质力量的文化现象。体育是人类对自身进行人化的最成功的典范。因此，体育是人类社会中出色的文化现象之一。

民族体育有一个转化的过程，就是将人的本能的肢体活动进行人为的身体行为转化而形成的一个活动体系。在这个体系中，完成了一个从玩耍到游戏，再发展成体育的过程。那么，为什么要将肢体活动这类元素进行转化呢？因为肢体活动和身体行为的确存在一定的差异，各自完成的任务不同，要想真正成为体育，出色地完成体育任务，必须进行这种转化。下面，先看看肢体活动和身体行为这两个内容的区别。

（一）肢体活动

肢体活动是指人固有的本能动作。法国著名学者莫里斯·梅洛–庞蒂

（Maurice Merleau-Ponty）在《行为的结构》里谈到：如果将一条用玻璃隔开的蚯蚓放在蟾蜍前，尽管多次失败（这些失败形成了抑制作用），该动物还是执着于各种攫取这条蚯蚓的尝试，这类动作即为本能动作[①]。人类的生物本能活动十分丰富，最基本的走、跑、跳、投、掷、攀、爬等动作，以及我们日常生活中的上楼、洗衣、看电视、做家务等均属于肢体活动。肢体活动具有很强的随意性，缺乏专门的技术，即使有一定的专门技术，其目的也具有很强的针对性，如上述日常生活活动。肢体活动是人维持日常牛活的基本活动内容，因此，生活化倾向较为突出。肢体活动是体育的源头内容之一，但是由于肢体活动缺乏体育必需的专门技术性，它不应该属于体育，充其量为"准体育"。正如玩耍和游戏是人类的肢体活动，它们是体育的源头，但是尚未形成体育的技术性，因此，还不能成为名副其实的体育。

（二）身体行为

身体行为是指在人的意识指导下，有目的的、合理的专门技术动作。可从 3 个维度诠释身体行为的基本内涵：一是在人的意识作用下的动作，二是人体能量高代谢的动作，三是人用来塑造生命的合理动作。其一，身体行为是在人的意识作用下进行的，为了达到某种有意义的目的，将肢体活动中的部分内容进行专门化改造，且需要长期学习和习练提高的技术动作。身体行为的内容更加广泛，结构更加专一。比如，拳打脚踢人人都会，但是在个人私斗或是军事战争中要有效地打击对手，就必须经过专门的训练，将本能的肢体活动改造成能够有效利用时间差、把握距离感、稳准狠地攻击对手，且收放自如、攻防有序的搏击行为。其二，作为专门技

---

① 梅洛–庞蒂. 行为的结构[M]. 杨大春，张尧均，译. 北京：商务印书馆，2010：160.

术的身体行为，承担一定运动负荷，消耗较高的能量。黎涌明等学者认为："动作是人体运动的外在本质，能量代谢为人体运动的内在本质。"[①] 虽然这种观点有将身体分割的倾向，但是有一定的道理，身体行为虽然表现为技术动作越成熟能量消耗越节约，但是其能量代谢总体水平则超过了常人的日常生产活动，这是区分劳动、娱乐以及体育元素类肢体活动等活动的生理指标。其三，身体行为对生命的塑造具有多重合理性。体育中的身体行为最为重要的内涵在于其对于生命塑造而言的合理性。人类行为中包含很多成分，就体育而言，大致可以分成本能的行为和人为的行为。马克斯·韦伯（Max Weber）称人的行为多为社会行为，其中必然存有自然的生物行为。社会行为可分成工具性行为、价值理性行为、感情和传统行为[②]。对这些行为，马克斯·韦伯格外重视的是行为的合理性，他认为社会行为是有意义的，这些意义是可以解释和说明的。韦伯特别强调人类的行为可分为理性和非理性行为，前两项可以被认为是理性行为，后两项则是非理性行为[③]。人类社会的进步正是由非理性向理性迈进的历程。这一点是体育由肢体活动向身体行为转化的理论基础[④]。

在甘肃的体育非物质文化遗产中，有很多内容属于元素类的肢体活动，尚未进入民族体育系列，这也是甘肃民族体育中体育非物质文化遗产的数量较少的原因之一。

人们对起初的肢体玩耍不断地进行动作和玩法的优化，逐步出现了游

---

① 黎涌明，纪晓楠，资薇. 人体运动的本质[J]. 体育科学，2014，34（2）：13.

② 黄陵东. 人类行为解读：韦伯与哈贝马斯的社会行动理论[J]. 福建论坛（人文社会科学版），2003（4）：58−65.

③ 侯钧生. 西方社会学理论教程[M]. 2版. 天津：南开大学出版社，2006：120.

④ 陈青，张建华，常毅臣，等. 民族体育的身体行为研究[J]. 上海体育学院学报，2016，40（4）：83−88.

戏，在对游戏改进中，具有专门技术和专门规则的体育出现了。体育是一种始终伴随人类的身体文化。可见，元素类的内容就是一种潜在资源，可供民族体育不断从中汲取养分，不断地进行转化。

如今，民间依然有踢毛丫、抛嘎、击三连石、别烈棍、下方、捏泥人、画暗码、当尕打、顶牛、打地米俩、跳房、踢毽子、爬山、打摺抛、拉脖绳、裕固独韵、围和尚等活动。这些活动的一个基本特征是它们都以肢体活动为主体，因此，可以将其归为民族体育的元素类。

这些元素类的肢体活动还有一个目的与民族体育的目的相近，那就是满足个人的生命冲动。人的生命冲动是人类活动的重要基础，生命冲动只有达到一定的程度，人们才会将这类活动做进一步的提升，使之演变成完成生命塑造的手段。因此，可以说满足生命冲动的活动是实现生命塑造的潜在资源。比如，在人类活动中，走、跑、跳等活动是一些基本的生命冲动，人们为了走得更轻快就进行各种走的训练，于是产生了竞走项目；为了跑得更迅速，人们通过提高步频或步幅，加强整体的协调性、力量性，竞速的体育项目出现了；为了跳得更高，人们用增加下肢力量的方法逐步创造出各式跳高项目。在这些为了满足生命冲动的训练中，人们所采取的各种身体训练方法都在一定程度上整体地提高了人体的机能，使得人体的素质不断提升，这是无意中对生命进行塑造的过程。如果将这些活动用于健身，那么身体训练的方式和方法会出现相应的变动。在减少对人体伤害的基础上，人们的身体训练手段会出现以蓄能、节能等有利于健康的方式。这时候的身体训练便成为主动的生命塑造手段，由此衍生的元素也就演变成体育的资源。以甘肃流行的拔腰为例，拔腰是摔跤的元素类内容。这个活动对身体素质的要求不高，人人可以参与，不需要特别的训练。在一定程度上，拔腰实际上是人们在搬运重物时的一种技能。比如，扛麻包，首

先要双臂抱住沉重的麻包，依靠身体的拧转将麻包提到肩上。拔腰这项活动在摔跤的辅助训练中常常使用，如果将拔腰进行适当的技术性改造，其完全可以成为一种与摔跤类似的"轻摔跤"，即不易产生伤害的摔跤运动。由此可以看出，潜在资源具有重大意义。

在人类对能源的需求不断提升的过程中，发现地球上有很多物质是可以被利用的。起初，人类在采集和游牧时，食物基本上能够满足人的需要，各种植物没有被人类重视。当人越来越多，食物变得短缺时，人们开始寻找原本存在的潜在资源。这时候麦子出现了，人工种植开创了人类的农耕时代，人类被束缚在田间地头，过起了相对规律的、衣食无忧的生活。人类使用能源也是这样的：开始的时候，人们采集枯枝生火，但是这种能源的效率较低，于是人们开始寻找原本就存在的潜在资源，煤炭被发掘出来，人类的生活变得温暖。可是随着人口激增，地下的煤炭已经不能满足人类的需求，人类再次开发了石化的能源，这种能源的效率较高，使人类在充足的能量供应中快速发展。不过，煤炭和石化能源都是不可再生能源，其存量是有限的，人类开始了对新的潜在资源的开发和利用，太阳能、风能、生物能、核能等被逐一地发掘。通过上面的例子可以推论，民族体育的潜在资源异常丰富，只是人们的转化能力有限。

二、文化潜在资源

文化潜在资源主要是指尚未被充分、系统利用，或者是没有被利用的能对人类社会、文化活动产生重要支撑作用的文化总和。文化潜在资源范围很广，之所以处在潜在状态可能是因为文化的发展尚不需要它们的支撑，或者是这些文化要素没有成为系统化的体系。民族体育文化中的潜在资源主要包括以下几个方面。

（一）民族历史文化潜在资源

每个民族都有自己的历史，更有自己的文化。历史是一种对民族产生重大积淀作用的力量，它不仅决定了民族的特色，还决定着民族的发展轨迹。就如同中华民族在悠久的历史中，产生了以伦理为主体的文化类型。在历史的作用下，中华民族以其独特的文化特色屹立于世界民族之林。甘肃地区的各个民族，其历史的流变长短不一，文化的个性各不相同。比如，东乡族是 13 世纪初到 14 世纪初由定居在东乡这一地区的不同民族融合而成的，至今已有 700 多年的历史。关于东乡族族源问题，由于东乡族没有文字，汉文又缺乏记载，所以众说纷纭。从历史记载来看，自元朝以来，东乡地区作为河州的一部分，包括色目人和蒙古族人，他们共同组成屯戍军，过着"上马则准备战斗，下马则屯聚牧养"的生活，并逐渐融入当地社会生活，行为习惯相互影响，渐趋相似。其首领一般由蒙古族人担任，这种特权地位反映在语言方面，蒙古语就成为屯戍军通用的语言。在东乡族形成的过程中，受到蒙古文化和蒙古族人的加入的影响，这东乡族使用蒙古语的一个重要原因。东乡族族源中还有汉族、藏族的成分，这是因为这两个民族是当地的老住户。他们在东乡地区生活的时间要比东迁的穆斯林和南渡的蒙古族人更早。东乡语中有 40%的词汇是汉语借词，这一方面说明东乡族与汉族在政治、经济和文化上曾发生了密切联系，另一方面说明汉族人融合到了东乡族中。藏族在唐代已移居河州，元代曾在这里设吐蕃等路宣慰司都元帅府，任命藏族人担任都元帅，所以藏族文化也融合到了东乡族文化中。从发展历史可以看出，东乡族在长期的历史文化作用下形成了较强的文化融通性。这种文化融通性在很大程度上决定着其民族体育文化的包容与宽容。当下，东乡族与保安族、回族、藏族、汉族等民族在甘肃的临夏一带兴起了远比其他民族聚居区更为广泛和执着的篮球热潮，这种现象与其民族历史存在着必然的联系。正是在这种文化潜在资源的作用下，甘肃的各个民族都拥有较强的资源转化能力。

（二）宗教文化潜在资源

甘肃区域内的各个民族基本上都有自己的宗教信仰，民众在宗教力量的感召下，行为具有高度一致的特征。当这种力量作用于民族体育时，民族体育就会表现出高度的统一性。比如，藏族的转山、锅庄舞等活动几乎是全民性的集体行为。裕固族在这方面的表现更突出，尤其是在男女平等上凸显着全民共同参与的特性，拉爬牛、赛马中不时见到女性高手的身影，可谓巾帼不让须眉。从甘肃特有民族宗教伦理的道德方向性中可以明显地看出中华民族的道德方向不仅规定了各民族的道德向度，各民族宗教提倡的道德也丰富和强化着中华民族的道德体系。这种价值体系规定了中华民族的精神方向，决定了衡量国民生活的认同标准。有了这种价值体系的认同标准，人们的生活和行为便会呈现特定的趋势，恰如查尔斯·泰勒（Charles Taylor）所言："认同规定着我们在其中生活和选择的性质差别空间。"[①] 人类对生命的尊重是至高无上的，这一点毋庸置疑。对生命尊重的理念又是民族体育文化中最为关键、突出的价值。

（三）民俗文化潜在资源

一方水土养一方人，特定人群创造特定民俗，民俗文化是文化中特色最为鲜明的部分。世居或者长居一地，久而久之，人的言谈举止会染上本

---

① 泰勒. 自我的根源：现代认同的形成[M]. 韩震，王成兵，乔春霞，等译. 南京：译林出版社，2001：41.

土的色彩，由此可以看出民俗在一定程度上是一种强有力的染色剂。我国唐代的玄奘可以说是亲历异国风情、感触深刻的民俗专家，据记载，他曾经描绘："时无轮王应运，赡部洲地有四主焉。南象主则暑湿宜象，西宝主乃临海盈宝，北马主寒劲宜马，东人主和畅多人。故象人之国躁烈笃学，特闲异术，服则横巾右袒，首则中髻四垂，族类邑居，室宇重阁。宝主之乡，无礼仪，重财贿，短制左衽，断发长髭，有城郭之居，务殖货之利。马主之俗，天资犷暴，情忍杀戮，毳帐穹庐，鸟居逐牧。人主之地，风俗机慧，仁义照明，冠带右衽，车服有序，安土重迁，务资有类。三主之俗，东方为上。"[①]

民俗是特定人群的意识和行为的散漫式呈现方式，集中体现在民族体育竞赛、表演等活动中。在裕固族的民俗中，豪迈情结在张扬的体育活动中更加明显。原本是祭鄂博的祭祀活动，在人们豪迈之情的驱使下，赛马逐步演变为一项交流感情、释放竞争潜能的体育活动。在甘肃各民族的民俗节庆活动中，民族体育总是扮演着不可替代的重要主角，承担着赋予民众祥和、快乐的重任，无形中使民族体育文化实现了有效的传承。这种潜在的文化资源是不可忽视的。

（四）身体记忆潜在资源

人类的记忆主要可以分成个体记忆、集体记忆和文化记忆 3 个部分。个体记忆又可以分成脑记忆和身体记忆。这是一个基础，在此基础上的集体记忆和文化记忆也相应地表现为大脑记忆和身体记忆两种主要形式。当然，在文化记忆中，人类创造出超越个体和集体的其他记忆形式，如使用文字的记忆、使用建筑的记忆、使用数据的记忆、使用影像的记忆等，这

---

① 玄奘，辩机. 大唐西域记校注[M]. 北京：中华书局，2000：42－43.

些记忆帮助人类积淀智慧，促进文化的不断完善和发展。在这些记忆类型中，有些记忆因为条件的限制，不能得到应有的显现，处在潜在的状态，如片段式记忆，如某种武术门派在形成的初期，个体的确有动作或组合的记忆，但是由于没有串联起来成为套路，这种片段记忆会出现"卡顿"，也就是说不被大众普遍认可。当这种片段记忆逐步完善并形成一个完整的表现形式，特别是习武者的演练达到了较高水平时，就会得到大众的认可。人们在生产和生活中获得的各种民族体育素材开始总是潜伏在脑海或身体之中，在需要创造和完善某种民族体育项目的过程中，这种记忆被调用出来，成为重要的技术动作的构件。在民族体育中，除了脑记忆，身体记忆也格外重要，这种记忆突破了脑记忆的局限，使得人体运动更加流畅。只要习练者达到精湛的技术状态，身体记忆就会超越大脑记忆，即使想不起某个技术动作名称，身体也可以直接地完成动作。长期在特定地域中生活的人，其身体会相应形成大量的潜在身体记忆，这是一种非常厚重的记忆素材，是民族体育文化不断发展的根基。

（五）身体资本潜在资源

长期的民族体育习练可以造就良好的身体，有了强健的身体，便拥有了相应的身体资本。在资本的构成中，身体资本是最为基础的，这种潜在的资源能够帮助人们获得相应的社会地位，赢得社会声誉，收获经济效益，取得文化认同。也就是说，潜在的身体资本可以转化为显性的社会资本、经济资本和文化资本。比如，拥有精湛民族体育技能的传承人，在非物质文化遗产的文化氛围下，得到了相应的重视，取得了前所未有的成功。再如，掌握精湛民族体育技能的人员，可以在各级各类政府职能部门、学校等单位任职，为民族体育作出更大的贡献。在这种身体资本的作用下，民

族体育得到了生产再生产，突破了文化生产的狭隘空间，实现了更广泛的民族体育文化的延伸。这种身体资本虽然没有被布尔迪厄①充分认知，但是布尔迪厄在书中已经感知到这种资本的存在：文化资本的再生产其实是一种社会化的结果，通过社会化，不同家庭背景的子女，继承他们父辈的文化资本，从而使社会成员之间的差异代际传递②。身体是家庭给予的，健康的身体资本在家庭的教育中得到初期积累，有一定基础的身体在社会化的过程中得到进一步完善，因此其资本的含量不断变化，或增加，或减少。是增加还是减少就要看个体对待身体资本的态度。善于积累身体资本的个体，便能够成为资本的富有者。当代社会，唯独体育能够系统给予人健康人力的资本，建立在强健身体基础上的资本，是文化再生产的根本，因此民族体育的社会价值不容忽视。

（六）身体行为潜在资源

完整的有机体是内外合一的，健康的有机体是神形兼备的。"正是身体固有的生命冲动、感知能力、生成功能，以及与周围环境的共生性等，决定人的总体进程和一切意识活动。"③现实生活中，人们遵守交通规则、礼貌谦和、尊老爱幼等行为，演绎出安全、文明、伦理等意识，由此进一步说明未被人们审慎思考的，或者是人们没有意识到的点滴社会行为能够对意识产生影响。而且，在莫里斯·梅洛-庞蒂看来，肉体是谦逊的，行为也很谦逊，这可能是人们忽视行为对意识作用的主要原因之一。莫里斯·梅洛-庞蒂这样表述："人们通常不暴露自己的身体，当人袒露他的身体时，

① 布尔迪厄指皮埃尔·布尔迪厄（Pierre Bourdieu），有些版本译成布迪厄。
② 李全生. 布迪厄的文化资本理论[J]. 东方论坛（青岛大学学报），2003（1）：8-12.
③ 张尚，张之沧. 身体认知论[J]. 体育与科学，2016，37（5）：42.

有时是处于不安状态，有时是为了迷惑别人。"[1]西方体育运动追求身体的展示、行为的表现，体现人的本质力量，在这个层面身体是张扬的，很少谦逊。东方民族体育内向型的技术体系，则更多表现出身体行为的谦逊。无论是身体行为谦逊还是张扬，都是对原本十分柔弱的肉体和生命的重构，是一种强健身体、塑造生命的过程，在这个过程中，身体行为总是显得力不从心，难以立竿见影，从而开始变得谦逊起来。面对柔弱的身体和生命，西方体育通过追求更快、更高、更强等行为来增强体质，东方体育利用完善养生与修身等行为，以周而复始、持之以恒的习练方式来弥补自身的不足，以求终身受益。周期性的、谦逊的身体行为，在不经意间对意识发挥着"身体意向性""行为意向性"和"主体间性"等综合作用。简单地比喻，当你没有清楚地想好行动方案时，你的双腿会带你走向目标，如健身行为习惯影响着每个个体的生活方式以及健康意识。这种个体的行为意向性在个体间产生相互影响，特别是在民族体育交往行为中，人们彼此的模仿会使原本的个人行为很快地扩展到较广的人群范围，其道理如同微笑使人乐观，愁眉苦脸致人悲观的情绪感染一样。随着这类意向性社会行为的践行，相应的社会意识自然得到凝结和流露。中国社会在漫长的历史长河中，忠君、爱民行为逐步形成了"尊君""重民"的主流意识，构成了中国特有的人文景观；内外兼修的民族体育行为造就了尊师重道、成己兼善、德技双馨的民族体育意识，成为中华民族体育独特的文化特质[2]。

（七）生活中的潜在资源

健康追求是人类始终不渝的价值追求，在这种价值取向下，民众将生

① 舒斯特曼. 身体意识与身体美学[M]. 程相占，译. 北京：商务印书馆，2011：78.

② 陈青. 身体行为·民族意识·理论探析[J]. 武术研究，2018，3（6）：1–6.

活中有益于健康的各种内容凝练为提高自身健康水平的方法。从古至今，人们凝练出许多有益的内容，这些内容大多成为后续民族体育文化的有机组成部分。不过，人的欲望是无穷的，按照德勒兹（Deleuze）的理论，欲望是文化事项创生和发展的根本动力。成型的部分民族体育文化内容，从内容到形式都存在着可能难以满足当下民众身心需要的问题，因此人们从生活中、从身体上不断地凝练新的方式和方法的动力始终存在。而且当社会进入信息化阶段时，人们的眼界得到了极大的拓宽，人们可以充分地借鉴异质文化素材为自身的健康服务。所以，当下新的体育文化形态层出不穷。生活中蕴藏着丰富的潜在资源，发掘这些资源，关键在于人们对资源的认识和整合。民族体育存在不容忽视的惰性，即人们认为传统的内容是不能改变的。在这种一味保护所谓传统想法的影响下，民族体育文化对新成分的吸纳、新项目的创生受到制约。现代体育文化擅长从生活中发掘、创新。在民族体育中，不乏汲取生活潜在资源的先例，如武术中的象形套路、五禽戏。甘肃特有民族——保安族　　的夺腰刀也是从生产、生活中凝练出来的一项体育项目。裕固族人从顶帐篷的生活用具中凝练出顶杠子运动等都是鲜活的案例。这说明一个道理，就是善于汲取生活中的潜在资源，创造性地开发利用是关键。我国地大物博，拥有无限的生活资源，这是民族体育文化取之不尽的资源库，从中汲取资源，不断地丰富和充实民族体育文化是非常重要的思维方式。如果脱离生活，体育非物质文化遗产就会被人们遗弃。如今的体育人，特别是对体育非物质文化遗产进行学术研究的人大多进行的是书屋式的探究，其成果虽然对民族体育文化大有裨益，但是很多缺乏扎根于生活的品质，导致部分民族体育文化缺乏生活气息，很少有接地气的项目被学者创造出来。因此，从生活

中寻找潜在资源，服务于生活，才是体育非物质文化遗产的生存和发展之路。

第二节 甘肃体育非物质文化遗产
潜在资源的整合

一、体育非物质文化遗产的整合

整合是体育非物质文化遗产潜在资源的有效转化机制。文化潜在资源如果得不到转化，那么它将永远处于潜在状态，无法发挥应有的作用。这种资源的转化有两种方式：第一种是自然转化，也就是文化事项发展到一定阶段后会自然而然地转化为人们所需的状态，发挥应有的作用。这种转化的速度较慢，容易受到各因素的影响，甚至会出现逆向的转化。第二种是人为转化，这是在人的理性作用下，客观地分析人和社会的需要，有效地对文化事项进行顺应时代发展规律的有机转化。这种转化能够有效地避免不利因素的干扰，具有较强的体系性，尤其是能够顺应社会的发展和文化的时尚转化。对于具体的文化事项，更是需要人为的转化机制推动，如顾拜旦（Coubertin）所倡导恢复的奥林匹克运动原本是古希腊的民族体育，经过转化后成为现代版奥林匹克运动，这种转化帮助奥林匹克运动成为全人类共享的体育文化。

在人为的转化中，人们常常使用文化整合的方式来完成这项艰巨复杂的工作。所谓的整合，原本是一个生物学和心理学的概念，通过新心理学派引入人类学、社会学和文化学领域。李荣善认为："所谓文化整合，是指

不同的文化要素、文化系统相互适应、吸取、协调而趋于和谐或统一为整休的过程。"[①] 司马云杰认为："文化整合，是指不同的文化相互吸收、融化、调和而趋于一体化的过程。"[②] 这两种解释大体相同，为我们揭示体育文化整合提供了依据。所谓体育文化整合，就是不同体育文化特质或要素乃至体育文化系统相互吸收、适应、协调，达到和谐统一状态的过程。这一过程包括以下内容：（1）较大程度上，各种技术在逻辑上、情感上或美感上的协调；（2）体育文化规范与行为的适合；（3）不同的体育风俗制度，彼此在功能、价值上的相互依赖及加强。

一个国家、一个民族的文化体系越是整合了更多的文化特质，其文化体系越丰富，越有生命力。一个文化体系越丰富、越有生命力，整合能力就越强。体育文化的整合是体育文化发展过程中的重要环节，也是整合范围、程度最广泛、最深刻的文化形态。西北地区曾经因"丝绸之路"在中西方文化交流过程中拥有得天独厚的优势，同时可接触到中原与西域的体育文化，为其体育发展奠定了雄厚的文化基础。

不同文化的相遇，由于各自的价值取向不同，可能会发生冲突，冲突是基于交流基础上的，没有交流就不涉及冲突，更不可能演进到文化的整合。正是在交流的基础上，它们才能相互汲取、相互借鉴，并逐渐融合、整合。

第一，异质文化彼此吸引是整合的基础。

当一种体育文化的价值是另一种体育文化所不具备的时候，它的价值就会被另一种体育文化所汲取。应该说，不管何种体育文化，它作为民族的、民间的或其他人类共同体验的结晶，都拥有特殊的价值。当这些体育

---

① 李荣善. 文化学引论[M]. 西安：西北大学出版社，1996：397.

② 司马云杰. 文化社会学[M]. 济南：山东人民出版社，1987：385.

文化相遇时，它们彼此吸纳、融合，也就是很自然的事了。例如，中国武术与西方体操，它们之间虽然存在相互排斥和冲突的地方，但在不少方面具有同质属性。中国近代体育借鉴体操的分段分节法把武术编成比较易学的"中华新武术"运用于学校教学，尽管其中有不完善甚至不妥之处，但对于将武术推广至学校是有一定作用的。再如，中国近代散打比赛采用西方拳击的点数计算法判断胜负，也是一种中西方技击的整合。印度的瑜伽和中国的气功虽然是不同的体育文化，但是它们在历史上也曾经整合过，以至于形成今天的形态。我国北方不产竹子，西北地区的人们在与南方民族的接触、交流中，将西北流行于喜庆节日的"骑毛驴"整合为"骑竹马"的活动，逐渐成为北方社火队的俗定节目。体育文化能彼此整合，正是由于对方的特殊价值在本土文化中缺乏或不足。

第二，整合促进民族体育的适应。

体育文化的适应性体现为当不同族源、价值的文化，经过相互接触、排斥、涵化、协调，彼此修正、吸收，发生变化，整合成新的体育文化体系。这种整合不是各种体育文化的机械组合，而是相互吸收、融合而产生的一种新的体育文化。

每一种文化进入异质文化疆域后，起初总会产生不适之感，直到对异质文化环境逐渐适应。这种适应是受异质文化社会结构、文化气候等综合影响的结果。适应速度的快慢与整合的氛围密切相关，也与对自身文化态度有关。整合毕竟是双向的，然而深入异质文化疆域的文化更多的是被异质文化所整合。特别是当异质文化非常强大的时候，它的整合会产生巨大的能量。此刻，它的整合氛围十分宽松，表现出高度的包容性，有利于不同文化的渗透。我国西北地区的民族传统体育文化在发展过程中始终保持良好的状态，这与它悠缓的整合适应过程有着直接的关系。例如，起源

和发展于藏族的押加，已在东乡族、保安族和裕固族文化中发生了适应性的拉爬牛的形式转化；南方的赛龙舟，如今在陕南的安康、甘肃的陇南也都广泛流行。保安族人拥有制作腰刀的手艺，他们看到体育和表演的价值后，将腰刀与体育进行适应性的整合，创新出保安夺腰刀。由此，保安腰刀因体育而出色，民族体育文化因腰刀而充实。可见，只有适应整合才是民族体育文化的出路。

第三，趋同认识为整合结果。

对于体育文化来说，整合能力是一个系统性文化作用的过程。无整合能力的体育文化是脆弱的，经不起历史挫折。人类历史上许多体育文化的消失就是因为当时交通不方便，无法与其他体育文化交往和整合所致，古巴比伦、腓尼基和亚述体育文化都是如此。我国体育文化之所以具有无限的生命力，形成庞大而完备的体系，如武术项目在历经长期的发展、不断整合之后，在明末清初之际，形成技术完备、流派众多、武力雄厚、兵器繁杂的体系，就是因为它在各个历史时期不断整合各民族的体育文化特质。目前较为流行的少数民族传统体育项目有 676 项，汉族传统体育项目有 301 项。体育文化整合既可以使体育文化不断更新和发展，又可以使体育文化保持旺盛的生命力，立于不败之地。

整合是体育文化的重要机制。体育文化整合的重要意义在于它表现了人类在体育领域的创造力。学习、继承、积累，并从其他民族借鉴，即不断从异质体育文化中获得营养和活力，然后聚合成适应新时代要求的新的体育文化整体，使体育文化的变迁和发展得以实现。体育文化整合不是某种神秘的力量使然，而是体育文化主体——人的创造力的表现。

当然，我们不能把体育文化的整合绝对化。每一个体育文化体系，即使是最独立最稳定的部分，也是有矛盾的、前后不连贯的情况，并没有一

种完全整合、绝对严密的体育文化系统。

体育文化整合过程是一个动态的历史过程，是逐步走向平衡的过程。整合不是一次完成的，而是持续不断地进行的。体育文化传播、冲突、分化是延续的、历史性的过程，因此不同时代都存在体育文化整合现象。虽然东、西方体育文化存在巨大差异，如人们戏称东方体育为植物体育，强调"稳、实、和"；西方体育是动物体育，追求"快、高、强"，各自对体育的认识和价值取向存在明显不同，但是身体符号的通约性、主客融一的共性特质是一致的。而且随着人们对异质体育文化结构、功能全面、深刻的认识，认识趋同程度不断提高，彼此的相互借鉴和学习不断增强，整合的深度也不断加大。

民族体育文化的整合绝非异质文化在隔空对话中产生的，身体文化的整合必须是建立在身体交流、身体体验、身体行为基础上的整合。这就需要一个适当的力量，这种力量要均衡，能够担当此重任的是"水"文化，"水"能够将身体文化有机地整合在一起。民族体育文化整合是一个漫长的、动态的过程，身体必须掌握必要的技术，形成相应的技能，才能使身体文化在这个过程中得到有效的整合，因此，智慧的中国人在民族体育文化传承中采取的是水式传承。

中国人不仅认识到了水的自然物理和化学属性，还认识到了水衍生出来的文化属性。《管子·水地》篇中有："水者何也？万物之本原也，诸生之宗室也，美恶、贤不肖、愚俊之所产也。"国人将水看作第一重要的资源，五行的构成中，一曰水、二曰火、三曰木、四曰金、五曰土。《尚书·洪范》也把水列在五行之首。老子更是对水情有独钟，他曾经说过："天下莫柔弱于水，而攻坚强者莫之能胜，以其无以易之。柔之胜刚，弱之胜强，天下莫不知，而莫能行。"最经典的，也是众所周知的是"上善若水。水利万

物而不争，居众人之所恶，故几于道"。①为什么水如此重要？水被赋予了丰富的文化属性，或许与孔子所说的"夫水者，君子比德焉"有很大的关系，由此水被中国人看成至高无上的境界，拥有巨大的价值。孟子借用水的自然属性昭示人性的可贵，他是这样描述的："人性之善也，犹水之就下也。人无有不善，水无有不下。今夫水，搏而跃之，可使过颡；激而行之，可使在山。是岂水之性也？其势则然也。人之可使为善，其性亦犹是也。"②在这些哲人思想的推动下，水被赋予了仁义、公正、谦卑、智勇、坚贞、顽强等品格，不仅成为中国衡量、约束人的重要载体，还成为中华民族文化的重要参照系。

水进入文化环境后其属性发生了变化，人将水从自然属性推向了文化属性。如同物理学中能够诱发相变的温度会改变水的存在形态——或从液体变成固体、气态，或者相反。在文化环境中，人的力量，特别是人的思想促使水进行的"相变"要比物理学诱发的"相变"更为深刻和多样。

人类对水的文化阐释，似乎大多数情况下看重涓涓细流之水，敬重滴水穿石的意志，却有意地回避无穷威力的汹涌的洪水、咆哮的海啸、倾盆的暴雨。或许是人们喜欢水的温润，惧怕水的刚烈，所以更多地青睐于温润之水。当然，也可能是人每每秉持以柔弱之水的姿态出现在别人面前，当对方放松警惕后，则采取势如破竹的刚烈之水战胜对手。其实，文化间的互动与交流并非如某些学者所认为的那样，是一种不可调和的文明冲突，持这种观点的学者可能忽视了水的作用。各个民族有不同的文化，异质文化在交流中容易出现冲突。但是，人类的文化和文明离不开水，而且时刻浸泡在水文化中。水具有交融性，特别是在液态时，在水中泡上茶叶，变

---

① 老子[M]. 汤漳平，王朝华，译注. 北京：中华书局，2014：30，294.

② 孟子[M]. 方勇，译注. 北京：中华书局，2010：213-214.

成了茶水；融入咖啡粉，变成了咖啡。在水中加入模拟搏杀，变成了武术套路；加上仿真搏杀，变成了格斗项目。人对水的巧妙利用形成了不同的文化。文化间的互动和交流则是文化通过温润的水溶性将各色文化溶解后，实现文化相互渗透，水成为交融的载体。茶叶和咖啡粉只有被水溶解后，方成解渴的、品味的饮品。武术套路和格斗，因水文化而成体育项目。水时刻帮助人类实现文明共享，且文明本身恰恰具备高度的共享性。当然，在必要的时刻，需要一定的摧枯拉朽的刚烈之水对看似坚不可摧的文化实施冲击，以较快的速度推动人类文明的进步。一般在恶劣的时期才会有这种极端的手段，如改朝换代等。刚烈之水会摧毁一切，对有价值的文化也会产生极大的冲击，这是世人所不愿意看到的。由此可以看到，人类喜欢温润之水是源于对人类文化和文明的珍重。

民族体育文化始终沐浴在中国水文化之中，表现出浓厚的水文化特征。

第一，民族体育在文化价值中，遵循着孔子的水乃君子比德之境，表现出民族体育特有的伦理与道德境界。孔子认为君子遇水必观，他在《说苑·杂言》中提到，水"遍予而无私，似德；所及者生，似仁；其流卑下句倨，皆循其理，似义；浅者流行，深者不测，似智；其赴百仞之谷不疑，似勇……是以君子见大水，观焉尔也。"在中国传统文化氛围中，智、信、圣、仁、义、忠构成的"六德"中伦理和道德成分十分显眼，"六行"由孝、友、睦、姻、任、恤组成，追求的也是人伦道德。根据谢多雷克（Sheldrake）的理论，"只要同样的事情发生过几次之后，就会形成事件的'形象之场'，而只要和这个'形象之场'产生共鸣，同样的事情就会再度发生。"[①]水与"六德""六行""六艺"共同形成一个无形的"形态形成场"，诱发入场的所有事件出现"形态共鸣"。在崇德文化滋养下的民族体育文化必然携带

---

① 江本胜. 水知道答案[M]. 猿渡静子，译. 海口：南海出版公司，2004：119.

着浓厚的道德成分，可以说中华民族体育文化富含伦理色彩。中华民族体育文化十分注重德技双馨，推崇技术高超、道德高尚的民族体育的习练者，武术项目更是派生出武德。在民族体育文化中，伦理和道德比技术更受国人重视，即使习练者在技术上出类拔萃，一旦有丝毫道德问题，就会被敬而远之。另外，民族体育文化中，长者的地位至高无上，这与富有竞争性质、贵壮嫌老的西方体育文化形成鲜明的对比。如果将传统比喻为水之源，那么后人讲求饮水思源，就是做人的起码道德。民族体育文化在一代代人的积累过程中，如果没有起码的尊重，其传承之链就会出现断裂。得益于水文化滋养的君子之道就在于充分尊重长者和传统，尊重传承，使得传统文化犹如涓涓细流，奔腾不息。

第二，民族体育文化在传承中遵循着老子的上善若水之道，表现出连绵不绝的文化延伸力量。在老子看来，凡事皆有道。虽然"道"在老子眼中恍兮惚兮，似乎难以言说，其实道乃可循之规律。文化传承也有其道，中华民族文化传承之道是一种无私地将自己艰辛创造或发明或继承自前人的成就传递给后代的普遍的、有效的，甚至是唯一的准则。遵循文化传承之道，重在始于足下，积善成德，修炼无私。即使是微小的善举，也如同不起眼的水滴一般，在滋养大地时不求回报，以无私的品格滋润着大地。蒙蒙细雨滋人润物，狂风骤雨激荡万物。真正对人产生深刻作用的是润物细无声的绵绵之水，这种类型的水能够将无尽的文化信息循序渐进地供人品尝和吸收。当民族体育进行各种传承方式的对比后，发现采纳上善若水适度进行传承，传承人可以将丰富的民族体育技术、文化信息进行系统传授。疾风骤雨般的传播不仅会破坏文化信息的完整性，还会忽略受众的接受能力，不符合身体技能形成的规律。中华民族传统文化之所以有顽强、恒久的生命力，与系统化的知识和技能传授方式不无关联。与之形成鲜明

对比的是，在快节奏的当下，人们所形成的碎片化的知识和技能传授方式，确有不易于有效传承博大的人类文明之嫌。难能可贵的是在有很少功利性的、"生而不有，为而不恃，长而不宰"的、利万物而不争的、上善若水般的传承中，传承人表现出无私的胸怀和修养，只有这种无私的传承，才能保障民族体育文化的延续。并且，当这种家族式的无私传承扩展到社会更广泛的范围时，无私的品质发挥出更大的、持续传播和传承的能量。

第三，民族体育在传承过程中，遵循着孟子的"水无有不下"之理，表现出民族体育文化有容乃大的气度。正如孟子所说，水避高趋下、遇阻迂回，终汇成海。文化也同样如此，文化缘起之处，是水源之地，属于上游之水，是文化类型的源头，清澈纯洁，具有文化发端的上位势能。历时性的、浑厚的传统文化始终居于上游文化之列，自身固存强大的传承势能。当水顺势而下时，汇聚了大量的有机成分，至下游时变得较上游之水更富含营养，成为丰富多彩的文化积淀之水。文化之水在遵循自然水流常理的同时，还表现出其特殊性。文化之水的上游与下游各具优势，各自拥有不同的势能，发挥着彼此影响的强大力量。民族体育文化在漫长的不懈奔流历程中，逐步凝结成内容丰富、形式多元的格局，这与其无有不下、无有不纳的气度存在着必然的联系，是民族体育文化秉持有容乃大之理实施传承的必然结果。其中，武术的众多流派和拳种就是一个鲜活、典型的案例。当富有时代性的、丰富的下游民族体育文化反哺上游单纯的民族体育元素时，传统的上游民族体育文化发生新的变异，呈现出更为广泛的项目基因。在中华民族体育中，西部多显生产化，东部则呈生活化。两者进行交流的过程中，生活化的民族体育对生产化的民族体育产生影响，致使中华民族体育整体疏离生产化，走向了生活化，至今已经很少有民族体育项目能够直接地运用于生产实践。

当人们遇到刚烈之水时，会被凶猛的水势所震撼。经历过洪水的人都会感慨看似柔弱之水竟然如此不可控制，了解海啸的人必定会对水的破坏力心有余悸，见过高压水枪切割金属场景的人一定会叹服水的强大威力。看来，刚烈之水带给自然的更多的是毁灭，给人的印象则是恐惧。在人们学习或掌握以身体行为为主的民族体育的时候，身体的体验决定着后续的身体认知、身体行为、身体创造、身体记忆以及身体文化。如果一开始就被恐惧左右，那么习练者就不会对某种运动感兴趣，必定会敬而远之。正如有人被马踢过，他一定会畏惧骑马，从此或许与马术绝缘。如此看来，民族体育的学习与发展，需要有一个温润的环境。对于复杂的技术，习练者在不断的、循序渐进的过程中才能产生深刻的身体体验，形成全面和深刻的身体认知。比如，初学武术基本技术是一个漫长的过程，要掌握动作的运行路线，要有相当的身体协调能力保证左右、上下动作的协调，要具备适度的力量和柔韧性，准确地完成各种步法。所有这一切都不会在很短的时间内完成，因为人体有一个技能掌握的流程。如果用刚烈之水的方式进行教学或训练，人体技能形成的阶段性、周期性的生理机能显然难以承受。所以，民族体育的学习需要以温润之水的方式进行，需要充分运用"滴水深留痕"效应。悠缓的点滴技术动作的灌输便于习练者充分进行身体体验，通过身体的触感、肌肉感、方位感等感觉，一点点地进行归类、抽象，只有这样才能形成准确的身体认知。到了这一步，习练者才能正确回应专业术语提示，神经系统才能下达准确的指令，促进相应的运动单位进行合理的运动。

当有了相对全面的身体认知之后，身体将肢体活动转化为相应的身体行为。肢体活动在向身体行为转化的过程中需要经历水的滋养、运载、传递过程。正如"看"是视觉器官的生理活动，可能对部分事物视而不见，当有意识地"观"的时候，便能从司空见惯中发现细节问题，此刻视觉器官活动演变为视觉行为。而"审"必须在特定的文化环境中被逐渐塑造，审时度势便是一种文化习惯，具有浓烈的地域文化性。民族体育中的身体行为是已经具备一定的意识指导，有了特定的能量代谢水平，拥有了专门的技术动作构成，并且可以有效地实施相关任务的人体活动形式。身体行为必须在长期的文化孕育、身体认知和具体身体习练的"流水冲刷"下不断完善和成型。在这个过程中，身体行为通过不断提升身体体验的敏感性，在日臻完善的身体认知的引领、维持、强化、促进等作用下，携带着浓厚文化信息的身体行为最终表现出高度的自动化，可以随心所欲地娴熟运用。人们在运动时，将注意力放在展示文化信息、实现价值目标等方面。比如，出神入化的武术套路演练、荡气回肠的龙舟竞渡、起伏跌宕的马术竞赛、龙争虎斗的摔跤较量、神清气爽的入静功法，达到这种状态的习练者不会考虑去如何进行某种技术动作，而是完全集中在精、气、神上。此刻，身体行为成为民族体育的核心技术，并构成了民族体育文化的核心构件。这是一个漫长的被水文化滋养的过程，正是在不同的水文化滋养之下，人类的体育文化才呈现出东西方两大格局，东方体育文化以伦理特质的养生类型见长，西方体育文化则以物理特质的竞技类别著称。这并不是说只有民族体育需要水式的学习和掌握，体育都是需要经历水式传播的，更依托于水式的传承。

无论是品茗，还是品尝咖啡，都需要悠哉的节奏，文化的鉴赏更需要舒缓的韵律。水是能够提供良好环境和心态的物质和条件。茶的冲、泡，咖啡的萃取、爬温，都需要通过水的温度来把控。水随智者，智者乐水，水与文化存在千丝万缕的联系。孔子观东流之水发出的"逝者如斯夫！不舍昼夜"之慨，在寄托时光易逝及生命短暂意识的同时也明示着人们要像

东流之水一样保持刚健进取、自强不息的品德和精神①。水会因为地域、文化、人而发生改变，江本胜在《水知道答案》中列举了大量的水因地、因文、因人而异的水结晶结构证据。可见，中国文化中大多是通过讲故事的形式，或者是名言隽语的方式，阐释其背后深刻的哲理，看似容易理解，实际上是难以准确掌握的文化。对于这种文化需要恬静的心绪，细细地品味方能得其窍、通其理、明其道。民族体育文化也是如此，身体行为蕴含着中华民族文化，特别是蕴含着中华民族精神。长期从事民族体育，以身体行为的感性体验不断地身体力行后，方可强化民族意识、弘扬民族精神。

水无处不在，人无法离开水。如果说文化"似水"，那么从事民族体育则为"戏水"。我们可以看到，在中国古代，有诸如马球、蹴鞠等传统体育项目，这些内容在当时红极一时，可是没有很好地传承下来，究其原因，可能是这类内容因缺水而枯萎。与之相反的是武术，它始终浸泡在中国的水文化之中，具备戏水的能力，不仅表现出武德、师承体系，还有具象化的五行拳、太极拳、八卦掌等被传统文化全面渗透后的拳种，由此具备了强大的传承能力，经久不衰。水文化的渗透除遵循从高浓度向低浓度渗透的原理外，还有主动渗透的本领。但凡被中国水文化渗透后的文化事项，都富有强大的主动渗透的能力，出色地表现为同化异质文化、强化同质文化的涡旋力量。这种涡旋力量以平和的涡流不断地将周边的文化纳入旋涡中心，并不断地抛甩扬弃落后的文化事项，由此表现出水文化特殊的甄别能力。有了这种具有甄别能力的水文化，以及由此派生出来的民族体育文化便拥有了亘古的传承能力。

无论是夏川流动之水，还是秋潭静止之水，水所具有的滋润、承载、

① 肖冬华. 水文化视域下儒道哲学思想比较研究[J]. 南昌工程学院学报，2019，38（2）：34.

渗透、守恒的品质，保障着民族体育柔弱胜刚强，以及长存不衰。特别是在当下，民族体育文化被无情地边缘化，此时更应该重温老子所推崇的"法静渊之水"的品格，"知其荣，守其辱，为天下谷"，处下之善地、福地，修心性、养行为，"保此道者，不欲盈"，成上善之德，遵草木根重，善静处下，助长生之理，达民族体育文化的塑造生命之极。在沉静中，平和地继承和凝练中华民族体育修身养性的思想和技术体系，以便更好地服务于人类的健康。也只有在这种相对静止的水文化状态中，人才会进行有意的、冷静的理性思考，不断地完善民族体育中的身体行为，使得身体行为更富有针对性，积淀传承能量。例如，各式太极拳大都经历了相对长时间的沉寂，在此过程中基本技法演变出不同的练法，逐步凝练出各具特色的太极拳。

民族体育文化以温润方式进行传承，意义重大，重点表现在民族体育文化中柔中寓刚的水文化品格。以川流不息的进取精神、滴水穿石的顽强意志、静渊处下的淡泊品质，充分表达着上善若水的中华民族体育文化特色。作为人类文明不可或缺的重要资源，决不可急功近利地传承，而应该脚踏实地地通过长期的润物细无声、滴水深留痕的方法进行民族体育文化渗透，构建起高敏感度的身体体验、深刻的身体认知、精湛的身体行为、有益的身体创造、牢固的身体记忆、亘古的身体文化传承的践行链条。

民族体育文化水式传承恰如朱熹对水之灵动的感悟："半亩方塘一鉴开，天光云影共徘徊。问渠那得清如许，为有源头活水来。"[①]

在中华民族的水文化中，更有中华民族文化的涡旋之水，将中华民族各民族的文化通通包裹在旋涡之中，形成一个巨大的、整合后的华夏文化圈。涡旋力不仅利用向心作用，将核心文化不断壮大，还将一些与华夏

---

① 陈青. 民族体育水式传承[J]. 武术研究，2019，4（6）：4.

文化难以整合的内容甩出文化圈，以此保持着华夏文化圈的民族特色。这种涡旋力使得文化整合具有很强的融合性，因为水文化的溶解性使得异质文化同化在本土文化之中，所形成的新的文化与整合前的文化没有明显的界线，属于高度融合的文化形态。比如，保安族的拉爬牛与藏族的押加、回族的摔跤与东乡族的拔腰在涡旋力作用下的整合，汲取对方优点，最终形成了有特色的新项目。裕固族的赛马与蒙古族的赛马既有联系，又有区别，是各具特色的赛马项目。通备武术从河北传入甘肃，甘肃的"通备拳"在整合中形成了西北风格。

甘肃的体育非物质文化遗产中，有不少这样的项目内容，如兰州的太平鼓，究竟什么是规范的动作、什么样的阵型是稳定的阵型，均无定数。蜡花舞更是如此，无论是上肢的动作还是下肢的步伐，千人千面，形态各异。类似源头无数溪流，游走无常。当然，这种状态留下了巨大的整合空间，赋予人们充足的创造机会。

亨利·柏格森（Henri Bergson）认为，科学只能研究死的、机械因果律制约的世界，而活的、实在的世界则只能由哲学来研究。[1] 认识是容纳理性、非理性的集合体，那么对其的研究就不能局限于科学研究，柏格森的理论为研究民族体育文化提供了一个新视角：研究民族体育运动整合能力时，应有科学的态度，绝不能仅仅依靠科学手段。因为不少凭借经验、直觉进行训练的教练员并未把令人眼化缭乱的生理、生化等各项指标运用于训练，却能恰如其分地掌握运动员的竞技状态，培养出了优秀的民族体育运动员。国外也是如此，如拳击手大多出身世家，教练员就是其亲属或族人；非洲长跑名将们也是出身于缺乏科研手段的国家。其实直觉是一种更

---

① 孟宪忠，高文新，秦光涛，等. 思考世界的十个头脑[M]. 沈阳：辽宁教育出版社，1988：138.

高层次的理性，它来得直接，不受逻辑、常识的羁绊，有时却能轻易把握住事物的本质。大黄蜂体大翅小，依生物学原理它是绝对不可能飞行的，但却是飞行高手，社会行为学将此解释为生活所迫的必然。当然，前提是经验的丰富积累，理性归纳、总结。亨利·柏格森认为，在实践中，人们总倾向于构成一个有关外物与自身的感觉清晰的形象，并致力于把这些形象固化，最终用语言进行表述，这似乎是科学时代的必然。但是认识"人"这种水性十足的生物及由其创造的文明，就得依靠内心直接体验或领悟。人的认识活动可以分为理性和非理性两类，没有理性因素的作用和控制，人类社会将不会有序地发展。在科学、全面认识人类知识成果的基础上，民族体育文化整合会不断向前发展。

二、体育非物质文化遗产的共享

体育非物质文化遗产在经过了漫长的、各种形式的整合之后，形成了独具特色的文化特征，其共性的特质就在于体育是人进行生命冲动的活动形式，其终极目标是实施生命的塑造。在共性的作用下，体育非物质文化遗产具有了很强的文化共享性。

文明共享对有利于人类的生存和发展的事物的迫切需要决定了不同民族和国家对文明的向往和追求，使得体育成为人类文明的共同话语和实践领域。

第一，当今时代是一个关注人类的生存和发展的时代。

当人类社会进入一个对能源获取相对便捷的阶段时，人类开始普遍地思考人类的生存和发展问题。恩格斯（Engels）认为人类的需要经历了三个阶段：生存、享受和发展。在这三个阶段中，人类思考的问题各有侧重，不同社会对此的认识也各有千秋。文化进步的国家对此的认识全面一些，

落后的国家认识欠缺一些。中国是较早关注人的生存和发展的国家，其文化的核心体系就是人的生存和发展。因此有学者认为，中国的文化是关于人和社会的"善"与"美"的文化，而西方倾向于抽象的、数理的"真"的文化。东西方似乎被分工了一般，各自在亚欧大陆的两端进行着不同的文化探索，共同完成着人类文明大业。其实，对于这个问题的关注程度还必须建立在经济基础上，当西方的经济后来居上，文化发展到一定程度后，西方文化开始关注人和人类的生存和发展。无论是东方文化还是西方文化，对人的关注都已经成为不可阻挡的文化潮流。

对人高度关注的中国文化具有很强的传统性和延续性，至今发挥着重要的作用。文化传统是受特定文化类型中价值系统的影响，经过长期历史积淀而逐步形成的，为全民族大多数人所认同的思想和行为方式上的难以移易的心理和行为习惯，对社会生活、生产产生重大影响的认知和思维方式，以及深深印刻在器物、制度和精神层面的各种特质的综合状态。因此，在这个文化传统中，文化受其惯性的影响，明显表现出一定的延续性。中国的"天人合一""以人为本""刚健有为""贵和尚中"等文化传统始终围绕人的生存和发展，成为人类文化中最关注人的文化的国家。

西方文化在进入 20 世纪后，对人的关注与日俱增，从人的本能、文明的本质、人性的异化、文化的物化、人的自由与责任，以及科学精神和人文精神等方面进行了探索。

古今中外，学界容易忽视人体文化的重要性。但是，民众却始终将人体文化作为生活的伴侣，从初始阶段的工具、玩具到后来的器具，民众始终没有抛弃人体文化。尤其是社会发展到今天，人类社会进入一个生产方式高度统一的阶段，也恰恰是在这个被人类自己发明和创造的技术极端异化的阶段，人类面临的问题也是共同的，那就是健康问题。因为健康是人类社会发展的根本，没有了健康，一切物质文化、精神文明都形同虚设。

人类社会已经进入了一个超乎寻常的追求经济利益最大化的阶段，提高经济效益成为各个国家的头等大事。恰逢此时，有一个人循着马克思（Marx）的思路，提出了备受世人关注的有关人的健康的经济理论——人力资本理论，这个人就是西奥多·W. 舒尔茨（Theodore W. Schultz）。他对人类社会仅仅注重影响人类社会经济发展的物力资本，如财力资本、资源资本、设备资本等，而忽略其他要素的现象提出疑问：在经济发展过程中，当这些资本相对固定时，其经济效益总会出现差异，是什么决定经济效益的？其中必有原因。经过长期的研究他发现，社会经济中起决定作用的因素是人本身，即人力资本。这是一种无形的资本，难以被人们轻易感知。西奥多·W. 舒尔茨认为，所谓人力资本，是指相对于物力资本而存在的一种资本形态，表现为人所拥有的知识、技能、经验和健康等。人力资本理论首次提到了"健康"两字，这两个字的出现绝非易事。它又是资本，因为它是未来满足或未来收入的源泉，一语道出了人力资本的基本属性。

西奥多·W. 舒尔茨认为，人力资本包括量与质两个方面，量指一个社会中从事有用工作的人数及百分比、劳动时间，一定程度上代表着该社会人力资本的多少；质指人的技艺、知识、熟练程度与其他类似可以影响人从事生产性工作能力的东西。在这些方面，每个劳动者也是不一样的，就是同一个劳动者在受到一定教育和训练前后，他的劳动的质量或工作能力、技艺水平和熟练程度，也是有差别的[①]。未来人类社会的发展更多地依赖于人的能力，人的能力能够得到充分发挥和利用应该是经济增长的前提。

体育学领域关注的恰好是人力资本的质，即人力资本本身具备的基本

---

① 江涛. 舒尔茨人力资本理论的核心思想及其启示[J]. 扬州大学学报（人文社会科学版），2008，12（6）：85.

质量。这个质量是以人的健康为基础的，健康应该是构成人力资本的根本要素。如果一个人缺乏必要的健康，他的知识、技能、经验就无从发挥作用。因此，人力健康资本应该是人力资本的基本构成。这个观点的提出对人体文化而言是一个利好的理论支撑，在很大程度上支持了民众对人体文化的钟爱，更是人体文化发展空间深入拓展的重要依据。体育能够切实为社会提供具备健康素质的人力资本，主要表现在以下几个方面：一是培养劳动力，二是保护劳动力，三是修复劳动力，四是提高劳动生产率。这些作用确保了人力资本的质量，自然也增加了人力资本的数量，保障了人力资本能量的发挥，从而全面持久地促进社会经济的发展。

第二，当今时代是一个便于沟通和交流的时代。

首先，科学技术为当今世界提供了便利的交流平台，科技促进了交通、通信的发展，使世界成为一个地球村。飞机、高速铁路、高速公路使人们对物理距离的心理感觉发生了质的变化，使人们的活动半径和工作范围大大增加。电话、互联网使人们彼此之间的互动更加频繁，使人们对外界信息的掌握更加全面快捷，使人们参与社会活动的意愿更加主动。建立在科技发展基础上的一切，都为人类的文明共享奠定了坚实的物质基础。在这种状态下，对体育竞赛而言，运动员可以在不过多消耗体力的情况下抵达赛区，他们的竞赛成绩可即刻发布。

其次，文化融合机制日益完善。文化融合是指两种或两种以上的文化经过交往接触后，彼此借鉴、吸收、交融而形成的更加完善和进步的文化的过程。这一过程根据交流的文化形式而异，一般来讲，同质同构的文化交流相互的整合速度较快，如我国各个民族的摔跤彼此之间有许多相似之处，其交流十分容易；同质异构的文化在交流的范围和时间上会出现一定

的难度，需要人们花费一定的精力和时间不断地研究对方的文化内涵，如武术与西方搏击的同质异构，它们明显带有地方特色，甚至存在较大的差异，要很好地了解和掌握它们需要付出更多的努力；异质异构的文化虽然彼此有较大的引力，但是融合起来的难度更大，需要克服一定的困难，如印度的瑜伽与美国的棒球之间的融合难度可想而知。在人类的文化融合过程中，往往是异质相吸先于其他融合形式，这种与自然现象一致的社会现象促使人类不同文化间的相互吸引，使具备我国核心价值的东方文明备受异质文化的青睐，太极拳的普及便是一个很好的例证。

最后，人类具备了良好的交流意识和能力。封闭的环境容易导致保守的意识，开放的环境促使人们积极开拓进取。随着全球化进程的加速，人们自觉或不自觉地在资讯发达的环境中开明地对待发生在身边的各种事物，爽快地进行人际互动，逐步养成了良好的交流能力。不同的文化孕育出各异的传播语境。在相对封闭、多元族群长期交往的环境中，以高语境交流为主体，人际互动具有较强的语境环境和条件，即不必事事都讲得十分透彻，人们就能明白对方表达的意思。在相对开放、来自众多不同文化的族群汇聚在一起的国度，则表现出低语境状态，即人们在交流中需要将一件事情的来龙去脉讲明白，否则交流双方很难相互理解。这两种不同语境的人群频繁交流，有利于培养人的交流意识和能力。来自不同语境的人群，只有不断地相互学习方能掌握跨文化交流的技巧，这需要较长的时间，更需要全球化的环境。在文化交流中，体育特有的身体符号则是一种融合两种语境的"语言"，能够有效地克服交流的障碍，以高语境状态实现较为充分的交流。

在人类交流过程中，人体文化的通约性发挥着跨文化交流的决定性作

用。人体文化的通约性是建立在人体文化的动态身体符号基础上的有效身体符号的交流机制。人的符号活动能力进展多少，物理实在似乎也就相应地退却多少。从某种意义上说，人是在不断地与自身打交道而不是在应付事物本身①。人类的一切活动均为抽象的符号，尤其是进入智能社会后，人类的认识和互动对符号产生了依赖性，这对人类的发展和进步存在一定的制约性。"人化的自然"形式之一的民族体育则可使人们直面自然实在，通过实在的肢体运动，使人回归到自然中，使人感受抽象符号产生前的原生态，辅助人们对抽象符号的理解。这种原生态中各民族体育文化具有的同质同构属性是人类本能互动的基础，只有这种属性和基础的互动在人类永恒的、深入的文化交融中才能畅行无阻。因为民族体育起源和发展历程是在特定的民族文化大环境中孕育、成长的，个性化的民族文化烙印深刻而浑厚，地方性的格局和模式因素必然会产生一定的交流屏障，如现今的东西方体育的差异，即使因为民族体育在历史长河中不断地被附加各种符号意义，使它原本通畅的身体符号交流受到各种屏障的阻隔，仅被"通透膜"认可的"离子"通过。如体育文化中的政治、国家意识等因素在一定程度上制约着体育文化的广泛、深入交流，这样的屏障也绝非"巴比伦塔"式的语言屏障。动态的身体符号毕竟是可视、可感的直观符号形式，因此互动的可能性大大增大，日益成为民族间交流的重要领域和形式。民族体育文化所具备的这种属性使各个民族体育能够表达民族风采、传播民族意识，固化到身体行为上的文化可以较好地传承民族文化。同时，民族体育这种动态的身体符号具有形象、客观且抽象、内隐等特征，可以有效地实现实时互动，产生持久、深远的文化交流。非常具体的例子是西方人通过形意

---

① 卡西尔. 人论[M]. 甘阳，译. 上海：上海译文出版社，2004：36.

拳具体地理解中国"五行"理论的相生、相克，通过太极拳形象地体会中国的"太极"阴阳转化哲学原理。东方人通过西方竞技体育对其所表现出来的直白竞争，充分、深入地认识了西方社会文化的契约特质。这种动态的身体符号较静态的符号更具有内涵丰富、结构完整、活力十足的特征，正是这样的特征使体育文化成为世界上越来越受重视的文化互动平台之一。在这个平台上，人们能够全面、深刻、生动地认识异质文化，弥补了人类在漫长发展历程中彼此间仅仅依托语言、文字等符号交流的不足。如果说近百年来人类的进步得益于科学技术的发展，那么不容忽视的是体育文化的广泛交融。动态身体符号的民族体育文化有效地广泛互动，使人类建立了共享文明成果的意识，使人类学会了互相尊重、相互学习以及有序竞争，形成了人类最珍贵的价值体系，这就是以人为中心的价值理念[①]。

第三，中华民族传统体育文化是关注人的生存和发展的文化。

虽然人体文化都是以关注人和人类的生存和发展为己任的，但是在不同的人体文化类型中，中华民族传统体育文化对人和人类的关注程度最高。

中西方的民族体育在不同的时空中起源、发展，具备了不同的结构和功能，拥有了不同的品质。但是，人体文化的最终目标却是高度一致的，那就是建立在人的健康基础上的人和人类的生存和发展。这是人体文化共同的"山顶"。

人体文化以及文化演化之所以最后都要到达同一山顶，是因为人类是一个整体。人类的各种共同体（部落、民族、国家、文明、世界等）都是人类的局部，而不是人类的整体。人类的整体包容着人类文明的全部要素、

---

① 陈青. 动态的肢体符号：民族体育[J]. 体育文化导刊，2008（2）：49-50.

结构、功能和历程。王占阳认为，各个共同体是全人类的"历史器官"，既然是不同的"器官"，自然各有不同的结构和功能，所经历的历程也各不相同①。这个提法有利于人们认识不同民族体育的文化侧重点。

中华民族传统体育文化是人类急需的健康文明资源，蕴含着许多西方以及其他地方文化所缺少的特质，是全人类文化的有益弥补，特别是在养生、娱人、明神等方面表现突出。

（1）养生。养生是中华民族传统体育文化的一个耀眼的文化特质，其实用价值在于它能够为人类的身体健康从意识到行为进行各种习练，有益于增强人的体质。颜之推的养生思想十分重视从立身出发，继承了儒家重生、贵生的传统，养生应以"全身保性"为前提。"有此生然后养之，勿徒养其无生也。""夫生不可不惜，不可苟惜。"这些价值对于养生之人来说是养生的根本，也是儒家"入世"思想在养生中的体现，有利于人在当时社会规范下的价值意识的树立。在养生行为方面，颜之推鼓励人们采用行之有效的、务实的养生方法，强调"爱养神明，调护气息，慎节起卧，均适暄寒，禁忌食饮，将饵药物，遂其所禀，不为夭折者"②。这种民族体育文化形式对人们的生活提出了比较具体的要求，在一定程度上发挥着指导人们体育生活方式的作用。体育生活方式是一种将体育活动纳入人们日常生活的意识和行为规律中的生活模式，因此它对中国人来说非常具有实用价值，备受人们的青睐。中国人体质有些特殊，主要体现在适应自然的能力上，这与中国的自然地理，中国人的饮食结构、生活习惯等有着密切的关系，因此，健身养生活动就是一种"润物式"的活动方式，与西方体育的

---

① 王占阳. 中西文化融合的可能与限度：一个历史哲学的思考[J]. 首都师范大学学报（社会科学版）. 2004（4）：38−46.

② 国家体委体育文史工作委员会，中国体育史学会. 中国古代体育史[M]. 北京：北京体育学院出版社，1990：223.

"骤雨式"截然不同，只有通过这种方式和方法才能有效地提高民众体质。良好的身体状态势必对生产活动产生积极的影响，故而养生等民族体育文化对于生产活动也具有实用价值。

（2）娱人。娱人，即热爱生活、娱乐人生的民族文化情怀，是人生存质量的重要保障。这一点在中华民族传统体育文化中表现得尤为明显，可以说是人类典范。我国南方的民族体育以其丰富多彩而著称，更通过人体文化表达对生活的热爱。例如，抛绣球是壮族、苗族、白族等民族喜爱的体育活动，参与人数众多，在壮族地区这项活动每年至少开展 8 次，大多是逢节遇令时举行，其中三月初三举行"歌圩"居多。跳竹竿已经不仅仅是京族所独享的体育活动了，它的协调、灵敏、欢快吸引了很多人，流行的地域不断扩大。打铜鼓是瑶族自宋代就开始的民族体育活动内容，如今人们赋予了它时代的气息和特点，使其更加受到民众的喜爱。背篓球是高山族开展的由男女青年表达爱情的方式演化而来的体育活动，能够克服场地的制约，与篮球等运动有异曲同工之妙。与此类似的还有打手毽、珍珠球等项目。上述民族体育活动内容大多具备浓厚的人情味，人们可通过体育活动增进彼此间的互动，加强团结和协作，为人们的生活平添喜庆气氛。这些活动与北方激烈的民族体育活动不同的是其更多地表现为温文尔雅。

（3）明神。中华民族传统体育文化多数内容具有浓厚的宗教情结，这种情结有益于精神上的修养，可达到明神的效果。比如，少数民族中多数民族具有自己的宗教信仰，宗教在民族体育文化发展过程中发挥着极其重要的作用。

从养生、娱人到明神，可以说是一个人完整的人生之路，在这方面，中华民族传统体育对人的一生进行了全方位的关注，这是人类其他文化

中少有的文化特质。这些内容有益于人、人类的文明成果，应该被全人类共享。

第三节　甘肃体育非物质文化遗产的保护举措

文化在社会发展过程中起着至关重要的作用。文化作为人类长期实践和发展的产物，蕴含着古代劳动人民的伟大智慧，也为世界各民族的生存与发展提供了重要的保障。随着经济全球化进程的持续推进，中西方文化交流日益密切。在这种背景下，中西方文化的冲突和外来经济的冲击逐渐引起了国内各界人士的高度重视。因此，国内学者以文化变迁和文化融合作为侧重点展开了深入的分析与探究。特别是现代科学技术力量的增强，既为文化变迁提供了重要的推动力，又使文化传播渠道和途径得到了进一步拓宽，使文化变迁和传播形式表现出多样化的特点。实际上，文化变迁和文化融合两者之间具有密切的联系。从文化融合的构成来看，大体上分为宏观融合和微观融合两方面。针对前者来讲，主要指不同国家、民族文化间的传播，在此过程中加深对异国、异族文化的认识与理解。就后者而言，主要指的是在原有宏观融合的前提下，文化本质与内涵出现相互融合的情况，最终对人们的态度、情感等造成重大的影响。从某种角度来看，微观融合与文化多样性的要求是相悖的，实际上对民族文化的传承和保护有着一定的负面影响。社会遗产主要指的是一代又一代人传承和保护的一系列事物，既包括物质文化，又涉及非物质文化。当一种文化经历了各种类型的融合之后，必然会出现对应的变迁，表现出与先前文化不一致的方面。在文化变迁中，主动变迁是人们有意识地追求将不适应的文化进行变

革。还有一种是各种具体、微小事件的改变而日积月累出现的变化。这是一种事物在发展过程中不断完善的具体化表现。在这两者中，体育非物质文化遗产更倾向于第二种方式。可以说，这是体育技术不断完善、人的活动能力不断提高的结果。体育非物质文化与我们的现实生活有着密切的联系，既能够体现一定时期内的政治、经济和文化发展状况，蕴含中华民族伟大的民族精神，又能够体现人群的生活状态、身体的健康状态。所以，体育非物质文化遗产是一项特殊的、既有文化融合又有文化变迁的文化事项，具有相当的复杂性。

一、体育非物质文化遗产的传承、保护原则

了解体育非物质文化遗产的保护举措，应该从体育非物质文化遗产的传承、保护原则入手。

一是真实性原则。非物质文化遗产具有特殊性，通常会涉及社会中的诸多方面。国家对非物质文化遗产重视程度的提高，为各个地区非物质文化遗产保护工作的实施提供了重要的推动力，非物质文化遗产的申报越发频繁。作为申报主体，在申报过程中应坚持遵循真实性原则，准确客观地对实际情况进行描述与说明；作为审查主体，应严格按照相关要求落实审核和评价工作，进一步加大核查力度，从根本上杜绝虚假行为的出现；作为非物质文化遗产的普查人员，必须坚持实地调查，保证能够获取第一手资料，同时对普查过程中了解到的相关内容进行详细统计与记录。

二是客观性原则。非物质文化遗产类型存在差异性，其表现形式也有诸多不同。由于非物质文化遗产的特殊性，其通常蕴含着不同地区、不同民族的精神和文化内涵，对各地区和民族的发展有着重要意义。对非物质文化遗产的普查，既要体现共性文化认同感，又要肯定该民族和该地区的

文化。基于此，非物质文化遗产普查人员在实际调查过程中应坚持客观、全面的原则对调查过程中获取的相关数据信息进行统计记录。

三是完整性原则。非物质文化的形成同社会背景、外界环境有着密切的联系，因此，了解与掌握文化内涵的一个前提条件就是对地区发展背景和环境有全面认识，并在传承、保护过程中应保证其完整性，将非物质文化遗产的价值充分展现出来。文化底蕴也是一个国家综合国力的突出体现，保证文化的完整性，深化对文化内涵的认识，可以为非物质文化遗产保护工作提供重要保障。

四是活态性原则。非物质文化遗产在人们的日常生活中是鲜活存在的，活态主要是指存在方式。随着非物质文化遗产不断革新，其特征更加突出。由于物质文化遗产的特殊性，最有效的保护措施就是保护相关实物（一旦实物受损就表示其自身价值遭到破坏），保证与时代发展要求相适应，最终保证非物质文化遗产在历史的变迁中得以传承。而非物质文化遗产并不具备固定的形式，通常是依托人传承的，因此，对非物质文化遗产的传承和保护本质上是对传承者的保护。

五是身体验证原则。这个原则主要是针对体育的身体行为是否拥有该项体育的运行特征而把握的，如果没有这种特征，即使是传承人将其说得天花乱坠，难见其身体行为的具体表现，这种保护也是难以真实完整地得到传承的。在现实生活中，有不少体育项目的传承人年事已高，自己无法演练具体动作，但是他们能够将这个项目的技术以及来龙去脉说得非常清晰，这只是其中非常重要的一部分，更重要的是可以将这些说法变成人们可以习练的具体技术和动作。因此，需要进行必要的身体验证。这种验证在某种程度上是甄别体育非物质文化遗产的试金石，更是其传承的根本。如果没有一定的以精湛技术为基础的身体行为做保障，体育非物质文化遗

产的传承就会出现身体记忆的消亡及技术动作的变异，最终导致这项体育项目的消失。

二、体育非物质文化遗产传承和保护的相关措施

第一，职能部门的责任意识。

各级职能部门对体育非物质文化遗产保护的责任意识日益增强。以阿克塞哈萨克族自治县对非物质遗产项目传承与保护为例，当地结合当前实际发展现状，将体育非物质文化遗产工作纳入总体规划和建设体系，为实现体育非物质文化遗产保护体系的补充与完善，组织落实了资源普查、名录体系建设、宣传教育等一系列活动，以保证体育非物质文化遗产传承与保护的各项目标得以顺利实现。重视对组织机构的补充与完善，成立非遗传承保护领导小组，由县委直接领导。设立建立非物质文化遗产专家组（评审考核组），在原有县文化体育中心的基础上增设非物质文化遗产中心，指派专人负责落实整个地区的非遗传承与保护工作，进一步加大非遗普查工作力度。重视对相应保护体系的建立健全，设置体育非物质文化遗产代表性项目国家、省、市、县四级保护名录，其中包含的国家级非遗项目、省级非遗项目和市级非遗项目的数量分别为1项、4项和22项；认定的项目代表传承人共计79名，包括省级、市级和县级项目代表传承人的数量分别为4名、10名和65名。积极响应上级部门要求，根据现有的相关建设工程，同时考虑和分析体育非物质文化遗产项目人群及传承人的分布情况，设立相应的传习场所，并在此基础上确立相应的考核体系。已建成的非物质文化遗产传习所、展示厅共计10余个，还有7个传习所正处于在建状态。进一步提高宣传和推广力度，利用"文化遗产日"、民族传统节日，对《中华人民共和国非物质文化遗产法》中的相关规定进行宣传和推广，同时通过

一系列群众文化活动和传统节日，积极组织非遗传承人进行才艺展示，进一步加深广大民众对体育非物质文化遗产的认识与了解，促进体育非物质文化遗产的传播和发展。

第二，政府制定相关措施。

政策、制度是体育非物质文化遗产保护和传承的重要保障。《甘肃非物质文化遗产条例》于 2015 年 3 月 27 日在甘肃省第十二届人民代表大会常务委员会第十五次会议上通过，自 2015 年 6 月 1 日起施行。该条例具体指明了甘肃非物质文化遗产工作的思路，有效起到了保障作用。在这个条例的指导下，甘肃各级政府职能部门行动起来，结合本地的实际进行了一些卓有成效的工作。

依然以阿克塞哈萨克族自治县为例，近年来，阿克塞哈萨克族自治县同新疆巴里坤县、木垒县每两年举办一次阿肯阿依特斯大会，并在此期间组织开展民族手工艺品展览和比赛；自 2012 年开始定期组织开展常态化的赛马活动，后来，还加入了刁羊、商贸等一系列活动，使得当地居民的精神需求得到了一定的满足。2014 年，在中国少数民族作家学会等组织机构的共同作用下，设立了中国作家协会《民族文学》阿克塞创作基地，在此基础上设立了"阿克塞"哈萨克族文学奖。

为了提高文物保护力度，保证非物质文化遗产传承和保护的工作目标得以顺利实现，当地政府财政投入 1500 万元，先后建成哈萨克族博物馆、华夏文明传承创新区建设展厅。同时针对当前文物保护现状，设立了专项经费，以保证各项文物保护工作得以顺利落实。另外，针对市级文物青崖子岩画展开了一系列研究和整理工作。当前，共得到非物质文化遗产档案 3 卷，其中包含的记录、照片和影像资料的规模分别为 20 万字、200 余张和10 份。同时与新疆职业技术学院展开了有效沟通与合作，并共同编制了《阿肯阿依特斯》非物质文化遗产著作。

推动相关制度体系的补充与完善。根据当前非物质文化遗产工作落实现状，基于现有调查数据信息，出台规定，进一步提高对非物质文化遗产传承人的管理力度，并按照相关标准与要求发放一定数额的补贴。重视对非文化遗产项目的有效开展与利用，积极引导政府制定并实施相应优惠政策措施，推动非物质文化遗产传承人实现自主就业。另外，还针对非物质文化遗产传播的开展提供相应的政府财政扶持，进一步增加非物质文化遗产产品类型，为整个非物质文化遗产产业的发展提供重要的支持与保障。

第三，调动传承人的积极性。

各级政府职能部门在相关政策和制度的引导下，对体育非物质文化遗产传承人实施了有针对性的资助。这些政策和制度的落实有效调动了传承人的积极性，使他们得到社会的认可，也使全社会明确了传承人的文化价值。近年来，甘肃在非物质文化遗产保护工作的落实过程中取得了一系列成绩。相关统计表明，联合国教科文组织人类非物质文化遗产代表作名录、国家级、省级、市级非遗项目的数量分别为 2 项、68 项、493 项和 1851 项。另外，国家级、省级、市级和县级传承人的数量分别为 68 人、450 人、2256人和 4911 人。

自 2006 年甘肃非物质文化遗产保护工作正式开展以来，建立健全了非物质文化遗产名录体系，还制定并实施了非物质文化遗产项目代表性传承人经费补助制度。按照相关规定，国家级传承人每年可获得 2 万元补贴、省级传承人每年可获得 5000 元补贴。重点实施抢救性保护工作，其中惠及的国家级非物质文化遗产代表性传承人的数量已有 10 人以上；组织开展一系列传承活动，已经出版的非物质文化遗产保护著作和相关

视频专辑的数量分别为 199 部和 795 部。在甘肃区域范围内，共建成非物质文化遗产博览馆、非物质文化遗产传习所、相关项目保护基地分别为 87 个、487 个和 69 个。同高校建立了良好的合作关系，并在它们的共同作用下，组织开展了中国传承人群研培计划，培训人员数量共计 320 人次。重视提高对外开放程度，近年来参加历届全国性非物质文化遗产展示活动达到 30 次。不仅如此，甘肃结合本地情况，还组织开展了中国原生民歌大赛、全省非物质文化遗产展演等一系列活动，在各相关主体的共同支持与作用下，区域民俗文化产业链得以补充与完善，为当地经济的发展提供了重要的推动力。

第四，调动社会资源。

拥有了良性的社会政策和制度，社会与民间的资源被充分调动起来，成为非物质文化遗产保护的重要动力源。在甘肃少数民族地区，有不少社会资源所在地已经成为当地体育非物质文化遗产的重要传承和保护基地。这些基地具有强大的社会辐射作用，影响着体育非物质文化遗产的自身发展，增强了全社会对体育非物质文化遗产自觉传承与保护的责任意识。例如，临夏和政县的甘肃法台山风景区的松鸣岩国际滑雪场就是利用民间资本运营的，开展了一系列现代体育项目，为当代青年人所钟爱。作为投资人的周海云则从中看到了借助现代体育文化传承民族体育文化的契机。在这个基地，有当地艺术家编导的临夏花儿舞台剧，这是传播当地民间花儿艺术的有效举措。人们可以在滑雪、滑草之余，在演艺大厅观赏民族音乐。每当夜幕降临，武术篝火晚会、民族体育互动活动等会在游客们下榻的宾馆广场上进行，人们围着篝火共同参与民族体育活动，不仅传播了民族体育文化，还使人们拥有了平等的交流平台，有利于促进民族团结。目前，这个滑雪场四季都有不同的主题活动，全年开放，克服了以往民族体育依

托节庆等阶段性开展的时间限制，吸引了省内外的宾客，具有较大的社会影响力。在其经营过程中，民族体育逐步被推向前台，势必成为临夏当地民族体育文化的传播和传承基地。

三、体育非物质文化遗产传承的制约因素

第一，原汁原味文化内涵的缺失。

有学者研究，如今兰州太平鼓的打法、步法有一定程度的调整与优化，整体气势显著加强。但实际上，按照现有相关资料的记载，现有太平鼓的表演形式仅集中在"棋盘击"上，而其他方面的内容均在传承过程中丧失，使得原有体育非物质文化遗产中的文化内涵出现缺失。传统体育项目并不是固定不变的，作为现代传承者，应准确认识到其具备的动态性特征。虽然表现形式和内容可能会出现一定程度的变化，但是其文化本质是固定的，一旦文化本质发生变化，非物质文化遗产也就丧失了其原有的价值。

第二，参与者认知水平的制约。

在体育非物质文化遗产的传承过程中，传承人和受众在其中扮演着重要角色，应重视提高传承人和受众对文化遗产的认知水平。当下，传承人和受众中存在着对体育认识不够、对文化理解不深的问题。他们可能仅仅认识到自己掌握的技能属于身体活动，而没有将认知身体行为提高到决定一个民族文化自信、弘扬民族精神的高度。因此，这导致他们在传播其技能的过程中，缺少了为了国家和民族利益而传播和传承的强大动力，这是需要不断提升的、不容忽视的因素。

第三，法规建设相对薄弱。

2011年，国家制定并实施了《中华人民共和国非物质文化遗产法》，为我国非物质文化遗产传承和保护工作的开展提供了有效的法律依据，在整

个民族文化的继承和传播过程中起着至关重要的作用。甘肃各地相关配套的法规建设没有及时地跟上，或者是即使有相关的政策，也没有得到应有的重视，致使在部分传承申报和传承的过程中，传承人不清楚相应的政策依据或申报路径，在一定程度上影响了甘肃非物质文化遗产的保护工作。

第四，地区经济发展水平的制约。

甘肃将经济发展作为重要任务。由于体育对经济所产生的效益是间接而漫长的，因此在目前全社会追求经济效益的状态下，对体育的投入必然会受到限制。在这种情况下，民族体育文化所缺少的经济支撑成为制约其深入发展的重要因素之一。虽然民族体育文化在场地、器材等方面对经济的依赖不是特别强烈，但是民族体育文化要持续、深入、高质量发展必须得到经济支持。例如，甘肃肃南的索朗格赛马场每年的开放成本为130万元以上，这对于一个经济相对滞后地区来说是一个非常庞大的数字。即使如此，每年该赛马场举办各类民族体育活动的频次仍很高，日均接待人数在500人以上，几乎没有空闲，属于全年开放的赛马场。这里是裕固族民族体育的展示平台，是民族体育的发展基地。如果有了更加充裕的经济支持，那么这个高规格的赛马场必将产生更大的社会、文化效益。由于经费不足，很多优秀的非物质文化遗产难以得到有效传承和发展。以苦水镇的高高跷为例，在21世纪以前并不存在相关文字描述和历史记载资料。21世纪后，才由苦水籍词曲作家杨昭亮利用电视媒介对这一表坝形式进行了详细概括与说明。但是，在参与人数和普及的范围上却难以与其地位相吻合。

第五，专业人才规模不足。

学科发展离不开人才的支持，体育非物质文化遗产的发展同样离不开专业人才。曾经有人认为体育就是一种人们的随意活动，没有什么文化含量，不需要专业人才。这是一个误区，高水平的民族体育项目高手就是一

种专业人才，而且这种专业人才不是常人轻易能够担当的。在某个民族体育项目中，只有聪慧、协调、顽强的人才能实现将一般的肢体活动转换成有意识、有目的、有层次的身体行为，成为这个项目的佼佼者。这些佼佼者不仅可以引领项目的发展，还能带动更广泛的民众参与这项活动，产生广泛的影响。所以，专业的民族体育传承人是应该受到重视的。现在这个队伍的人员数量有限，而且有的传承人年事已高，亟待培养接班人。当然，对体育非物质文化遗产进行学理性研究的专业人才也十分有限。体育非物质文化遗产的发展必须文武兼备，运动实践与运动理论必须同步进行、共同发展。

第六，家族传承的局限性。

家族传承的模式在传统的社会环境中尚能发挥一定的作用，但在高速发展的当下，已经远远不能满足广大民众对体育非物质文化遗产的需求。家族传承模式在武术中表现最为常见，在其他的民族体育项目中也同样存在。比如，太符灯舞作为甘肃榆中县和平镇马家山村长期传承的民间表演形式，在发展过程中一直坚持家族传承的模式，阻碍了该非物质文化遗产的发展。在继承家族传承模式的基础上，应该通过俱乐部、体验中心、学校等多种途径进行传播和传承，以弥补家族传承的不足。

对现有的体育非物质文化遗产保护的原则、措施和制约因素进行分析，能为今后进一步完善此项工作奠定重要基础。

第四节　甘肃体育非物质文化遗产的传承

传承是体育非物质文化遗产得以流传至今的根本保证，传承不仅贯穿非物质文化保护的整个过程，还是理论与实践契合的纽带、核心、灵魂。

但在甘肃体育非物质文化遗产传承的过程中无论理论的深度、广度还是纽带的契合度都不是那么完美，为了使甘肃体育非物质文化遗产更有效地传承下去，我们必须先了解甘肃体育非物质文化遗产的现有传承形式、模式、原则、场域以及存在的问题。

一、甘肃体育非物质文化遗产现有的传承形式

甘肃体育非物质文化遗产以传承人员数量划分，可分为群体传承和个体传承。体育非物质文化遗产群体传承项目一般都是在民族礼俗、节日庆典、祭祀活动时所进行的大型民俗活动，这类项目属于群体记忆，如武山旋鼓舞、武威攻鼓子舞、临潭万人扯绳赛、永昌节子舞、秦州鞭杆舞、陇西云阳板以及其他地区的刁羊、姑娘追和打花鞭等。体育非物质文化遗产个体传承项目主要是师徒传承、家族传承等项目，这类项目隶属于个体记忆，如崆峒派武术、道台狮子、秦腔獠牙特技表演、秦安壳子棍、天启棍、通备劈挂掌以及兰州缠海鞭杆等。

在实现传承的形式上，可分为社会性传承和自然性传承两种。社会性传承主要是在社会力量的干预下进行的传承。2003 年 10 月 17 日联合国教科文组织通过《保护非物质文化遗产国际公约》之后，非物质文化遗产的传承在世界范围内开始有社会力量介入的传承，而我国开始真正有社会力量的介入是从 2005 年 5 月 23 日国务院办公厅签发的《关于加强非物质文化遗产保护工作的意见》之后。自然性传承是在完全没有社会力量的干预下，完全依据非物质文化项目自身的某种自然属性进行的传承。

甘肃社会性传承的体育非物质文化遗产项目既包括群体性项目又包括个体性项目。其中，群体性项目繁多，主要介绍如下：

武山旋鼓舞在没有非物质文化遗产制度之前，只是在每年端午节时的

一种节日表演项目。申遗后，政府开始重视旋鼓舞的传承与发展，不仅把旋鼓舞与当地的文化旅游业相结合，修建旋鼓舞的传承保护基地，积极组织旋鼓舞表演队参加各类节日演出或大型表演，提升旋鼓舞的知名度，每年还会对传承人发放一定的补贴，使得传承人更加积极地传承和发扬旋鼓舞。

武威攻鼓子舞在未启动非物质文化遗产之前，也只是在祭祀活动、节日庆典以及每年正月闹社火时，村民自发组织起来的表演活动。申遗后，在当地政府的主导下，武威市凉州区成立了凉州区攻鼓子舞训练基地，之后，在政府力量介入下，攻鼓子舞的表演机会日益增多，在一定程度上促进了攻鼓子舞的传承。

临潭万人扯绳赛在没有政府职能部门介入之前，只是每年的正月十四至正月十六这三天在临潭县举行的大型拔河比赛。在政府职能部门和社会力量共同介入后，临潭万人扯绳赛不仅被拍摄成了纪录片，而且在多家电视台播放，还申请了吉尼斯世界纪录，大大提升了万人扯绳赛的知名度。在当地政府的主导下成功举办了多次全国拔河锦标赛，进一步有效地传承了万人扯绳赛。

甘肃区域内的哈萨克族的刁羊在没有社会力量介入之前，只是在民族传统节日、庆典礼俗时的一种表演。随着阿克塞哈萨克族从草原游牧到城镇化的转变，刁羊活动虽然仍在继续，但是有明显的弱化趋势。社会力量介入后，尤其是政府、产业等力量介入后，当地政府充分开发与刁羊活动有关的旅游项目，使刁羊活动与旅游业充分结合，吸引了更多人关注和参与刁羊活动。同时，积极筹建民俗非物质文化遗产博物馆，通过展示与刁羊活动相关的民俗，使参观者充分了解相关历史文化，从而促进了刁羊活动的有效传承。

甘肃社会性传承的体育非物质文化遗产项目中的个体性项目相对较少：崆峒派武术在无社会力量介入时，主要是以师徒传承的方式进行的。社会力量介入后，平凉市创办了崆峒文武学校、崆峒武术学院、崆峒武术研究会和崆峒武术表演团，使得更多的人了解并学习崆峒派的武术。

道台狮子主要是以师授徒的传承方式传承的，在没有社会力量介入时，道台狮子几近消亡。2004 年，政府力量开始介入，积极挖掘保护道台狮子非物质文化遗产，组织道台狮子表演，大力培养后备传承人，并与青城民俗文化旅游节相结合，在旅游节期间举行大规模的演出，使得道台狮了重新焕发生机。

自从国务院办公厅签发《关于加强我国非物质文化遗产保护工作的意见》之后，虽然我国非物质文化遗产的传承开始有越来越多的社会力量介入，助其进行有效的传承，但由于甘肃地理环境的复杂性和民族的多样性，还是有很大一部分的非物质文化遗产项目没有得到社会力量的有效帮扶。如临夏的天启棍虽然被列入甘肃省级第三批体育非物质文化遗产名录，但天启棍的主要传承方式还是以师徒传承或是家族传承为主，并没有像崆峒派武术和永登硬狮子舞一样，从师徒传承和家族传承的形式中跳出来，开始兴办学校，把以师徒传承和家族传承为主要形式的传承转变为以学校传承为主要形式，从而使得其自身得到有效传承。天启棍虽为省级非物质文化遗产项目，但天启棍的第六代传人没有收徒，导致天启棍在第六代之后难觅传人了。

秦安壳子棍被列为甘肃省级第三批体育非物质文化遗产，主要的传承方式为传男不传女、传媳不传女，但年轻人常年在外，导致壳子棍的传承出现了问题。虽然秦安壳子棍的传承人高世定老先生已经意识到了问题的严重性，现在愿意将壳子棍传授给所有愿意学习的人，但是由于高家屲地

处山区，与外界沟通不畅，壳子棍的传承举步维艰。

甘肃体育非物质文化遗产项目在没有得到社会力量的帮助，而是靠自身的力量进行传承的项目在社会高度融合、科技高速发展的今天，大多已经日落西山，如东乡族的当尕打、别烈棍、抛嘎等，保安族的打石头、打红五枪、甩抛尕、竞渡等。

二、对甘肃体育非物质文化遗产传承的思考

无论有无外力的介入都无法改变体育非物质文化遗产项目的本质是身体运动，西方体育能在世界范围内大行其道是因为竞技化促进了其发展。我国的体育非物质文化遗产项目也存在着竞技化。而在社会外界力量介入以后，往往会选择以文本、影像化的形成进行传承与保护，似乎忽视了体育非物质文化遗产项目传承的本质。所以，我们的体育非物质文化遗产项目要想进一步发展，必须抓住体育非物质文化遗产项目传承的本质——竞技化，选择竞技化传承之路。

我们这里所说的竞技化和人们普遍认为的在竞技体育中以不断地激发、挖掘人类身体潜能、超越人类身体极限所使用的专门技能的提升过程是不同的。竞技场上的竞技化仅仅是体育文化中竞技化的一种凸显的身体行为。这里所说的竞技化是广义上的竞技化，在更加广泛的体育文化空间中，它存在于各个层面，即使在最初还未形成体育项目的游戏阶段，不同的人，其肢体活动也会表现出不同的灵敏度，肢体活动较为灵敏者竞技化程度较高。在体育的竞技化阶段，竞技化水平的分层就更为明显了，力大无穷者拥有合理调动周身力量素质的能力，手无缚鸡之力者调动自己周身力量素质的能力则相对较弱，竞技化能力也相对较弱。在体育竞技时期，体育运动的各个项目的技术程度取决于竞技化的程度。随着人类体育文化

的不断发展，人类运用自己身体的能力在不断提升，当达到体育竞技化阶段时，竞技化已经超越对身体素质和身体技术的利用，向着综合运用身、心、群等多维能力的方向迈进。如果单纯地对一个具体的运动技术进行分析，我们会发现，在初期掌握这个技术时，虽然说竞技化的程度不算高，但是肢体活动已经开始合理有效地利用身体机能了。当运动技术达到了较为熟练的阶段时，肌肉和神经环路得以建立，身体开始表现出高效、节能的竞技化状态。当技术的运动熟练程度达到自动化状态时，身体运动实际上也就达到了竞技化的状态，身体开始游刃有余地利用自身的肢体进行各项运动，实现各项运动目标。在上面所提到的运动技能的形成过程中，人们的竞技化状态是不尽相同的，大体上是从注意技能到相关肌肉神经环路的建立，最终走向无视运动技能。比如，我们学骑自行车时就经历了骑自行车技能形成的 4 个阶段，当我们获得骑自行车的技能时，也就是骑自行车技术自动化后，我们可以在骑自行车的同时进行观景、交谈。这就使我们建立起了较为牢固的骑自行车运动的神经环路，骑自行车的运动技术达到了动力定型。

人类浩如烟海的文化和文明都是以人类身体为主体的，都是人类的身体所构建起来的。人们起初认为，人所有的一切都是人类的灵魂在做主，幸好尼采将人们忽略的人类的身体提升到了一定的高度。尼采认为人的身体包含人的头脑，人的肉体和灵魂是一个整体。事物的普遍规律也告诉我们："一切被赋予人的认知和实践意义的符号无疑都是源自人本身。而人就是人的身体。人的身体就是人的全部，没有人的身体就没有人，因此一切符号也都无疑是形成和产生于人的身体；是人的身体之所为、之所识。①这是因

---

① 张之沧，张尚. 身体认知论[M]. 北京：人民出版社，2014：342.

为人的一切认知都是来源于人身体的行为、知觉、经验和感觉，总是人的身体的最直观的认知。"所以，当我们在对某种事物或运动进行体验时，我们在合理的强度下体验程度越充分，体验敏感性就会越强烈，身体认知就会越深刻，所产生的记忆也会越牢固。相应地，我们身体对事物或是运动的创造能力也会越强大，在对事物或是运动进行传承时效果也会越佳。由于现在的科学技术越来越发达，我们的民族体育非物质文化遗产似乎找到了一种看似很不错的传承与保护的方式——数字影像的传承与保护。这种方式看似把民族体育项目完整地保存了下来，但是忽视了在传承民族体育项目的过程中身体的主体性。无论我们把民族体育项目的视频制作得多漂亮，文字描写得多优美，最终还是要以人的身体进行传承。这种数字影像化的传承与保护的举措并没有使民族传统体育项目得到有效的活态传承，反而制约或是懈怠了人们的主观能动性，使得传承的主要载体——身体，被主动地忽视或是贬低。而人类的文化在传承的过程中如果只是依托数字化，那在秦朝焚书坑儒之后，后人就无法得知先秦所有的思想、历史了。事实恰恰相反，我们还是能够知晓先秦的思想和历史的，是因为人的身体所表现出的言行中凝结着当时的思想。所以，文化更需要人类的身体记忆。因此，民族体育非物质文化遗产的传承应以竞技化的身体技能为根本。

体验是人的身体对外界事物刺激的反馈，所以，人要想体验外界的一切事物就必须以身体为媒介。体验所产生的关于事物的一切认知也是身体作用下所产生的内在反应。这种反应主要是身体产生的知觉、情绪以及想法，它包括身体在行动作用下任何时刻人的一切知觉、一切所发生的情绪以及一切出现在人脑海里的想法。由于人身体在体验时，活动和身体就像是一对作用力与反作用力，活动在对身体产生一定刺激的同时，身体内部会产生对活动的一定的知觉、情绪和想法，而敏感性则是对这些知觉、情

绪和想法的即时、精细、深刻的回应。这种回应主要表现在以下方面：第一，注意到自己的知觉、情绪和想法；第二，允许这些知觉、情绪和想法影响自己，也就是允许新的体验改变自己的观点、行为甚至个性。因此，体验和敏感性会形成一个相互加强的无限循环，不去体验就不会产生对任何活动的敏感性，没有敏感性就无法体验到任何事物，而体验又是一个实践的过程，所以，敏感性必须在实践中才能慢慢成熟[1]。

法国当代著名社会学家皮埃尔·布尔迪厄曾在《实践的逻辑》（*The Logic of Practice*）这本书中把知识分成了两类：一类是与人类身体无关的，这种知识是通过其他媒介来传播的；一类是融入人类身体的知识。皮埃尔·布尔迪厄还认为："身体体验所学到的东西并不是一个人的私有财产，和可以拿来炫耀的知识不同，它就是使一个人为什么称之为人的东西。这一点在没有文字的社会尤为明显。在那个时代，知识只能借助身体作为载体才能传承下来，一旦与承载它们的身体分开，它们就将无法存在，所以它们也绝不可能与身体分开。"[2]现在科技越来越发达，传承与保护的途径也越来越多样化，但是，无论科技发展到什么样的高度，体育非物质文化遗产的身体属性都不可能改变，要想更好地传承下去，只有通过人类的肢体运动才能得以表达。随意的身体体验所产生的肢体运动终归是随意的，难以形成技能化的运动技术，在传承的过程中难免会丢失一些信息。所以，随意的身体体验是不能都进行有效的传承的，只有通过竞技化的身体体验和身体行为使人们所习得的运动技能得以固化，使人们建立关于体育非物质文化遗产项目运动牢固的肌肉神经环路，并且使人具有此项运动的身体运动自动化的能力，进而使其根植于身体，在传承的过程中不因

① 赫拉利. 未来简史：从智人到神人[M]. 林俊宏，译. 北京：中信出版集团，2017：215.

② BOUDIEU P. The logic of practice [M].Palo Alto: Stanford University Press，1992：73.

外界因素的改变而丢失相关的信息，通过身体记忆再发展为集体记忆和文化记忆，才能达到文化信息代际有效传承的目的。

集体记忆和文化记忆是在身体记忆的基础上进行社会交往和文化交流所产生的，是文化传承的内在机制。所以，体育非物质文化遗产项目在身体竞技化的基础之上完成文化信息代际传递，进而达到体育非物质文化遗产有效传承的目的。因此体育非物质文化遗产的有效传承应遵循以下几点。

（一）重视身体的本位性，使体育非物质文化项目回归身体

人类现在的一切文化都是由人类的行为所产生的，而人类的行为又是人类的身体对事物的一种体验，所以，身体是人类与外界事物接触的根本保障，没有身体作为载体，人类的体验就将无从谈起。法国 20 世纪最重要的哲学家、思想家莫里斯·梅洛–庞蒂在谈到人类的身体是人类与外界一切事物沟通的媒介时曾说过："身体是我与世界保持联系的载体，不需要我主动地、有意识地去思考我现在所把握的东西或者围绕在我周围的事物与我之间的距离的大小关系。对这个世界不用我有意去思考，我的身体感觉就能了解我周围的一切景象，我对我的手指的感觉就能直接说明物体的大小及其形状等特征。"[①]莫里斯·梅洛–庞蒂的观点明确地表示人类在探索知识和真理的过程中都是依靠身体来获得信息的，身体是人类认知世界的载体。

自从人们开始把目光投向人类自身后，哲学界有一大批学者开始研究身体在人类文明长河中的重要性。例如，英国社会学家布赖恩·S.特纳（Bryan S. Turner）在阐述身体本体论时曾说过："身体认知是对社会关系本质的展现，或理解为符号的身体作为一个系统，或寻求理解身体实践是怎样隐喻着更大的社会结构，或者他们理解身体作为一个在社会权力和知识

---

① 梅洛–庞蒂. 符号[M]. 姜志辉，译. 北京：商务印书馆，2003：109.

的社会建构，或者认为身体是一个社会话语影响的结果。并且，身体是由散漫的实践（体验）构成的。"①美国的实验心理学家、哲学家和教育家的威廉·詹姆斯（William James），在他的著作《行为改变思想：表现理论》中也阐述了人周围的一切都是围绕着人的身体运转的，人对周围一切的感知也都是出于身体对周围的感觉得知的。还有很多专家学者都持有类似的观点，这说明身体是一个非常敏感的感受器，身体带领着我们的大脑、神经以及每一个细胞去感知我们所在的世间的一切。孔子登东山而小鲁，登泰山而小天下。没有与孔子相同经历的人，无法体验这种感觉，此乃身体的本位性。

在科技高度发达的今天，我们的民族传统体育非物质文化遗产不限于用书本进行保存，还可以通过更具形象的视频动画进行保存，如果我们只是把民族传统体育非物质文化遗产保存下来的话，那么当今的科学技术完全能满足这个需求，并且这也是一个很好的保存路径。但如果我们想把这些文化遗产很好地传承下去，身体的本位性就是我们无法忽视的一个环节。试问，我们在对这些非物质文化遗产进行传承时，如果没有人类的身体在场，只剩下关于这些非物质文化的文字图画、视频影像，这样的文字图画、视频影像还有价值吗？毫无疑问，传承效果会大打折扣。所以，无论是在科学技术高度发达的今天，还是科技更发达的明天，我们都不能一味地依靠高科技去建立数字化博物馆。如果体育非物质文化只是单纯地依靠这些具有"活态"意义的数字博物馆，而忽略人的身体在传承过程中的本位性，那么这种具有"活态"意义的数字博物馆将失去它的"活态"性。因此，我们必须重视身体的本位性，使体育非物质文化项目充分回归身体。

---

① TURNER S B. Regulating bodies: essays in medical sociology[M]. London: Routledge，1992：48−49.

（二）传承的基础在于身体体验

在人类发展的历程中，符号能成为人类文化的表征，是由于人类有效地创造和使用了符号。这种创造和使用符号的能力或者说自我学习能力是建立在人类自身不断体验事物的基础之上所产生的敏感性，这种敏感性又促使人类不断地体验新事物，进而产生新的敏感性。随着人类在自身的成长过程中不断地体验新事物，人类的敏感性也会随着自身的成长和成熟而增强。关于这个观点，德国著名的哲学家伊曼纽尔·康德（Immanuel Kant）则认为："人的身体，不仅在他内在的敏感性对外在的事物产生最初概念时是不可或缺的，而且在复杂的概念构建内部联系时更是不可或缺的。人的思维成熟度是随着身体发育的成熟而得到相应的成熟。当他的各个器官完全成熟了，他的思维能力也就相当完善了，但这是在自己努力的情况下才能确保的。"[①] 换言之，康德认为人的思想在人类的成长过程中是通过自身的努力逐渐获得的。一般情况下，当人的身体成熟了，人的思想也随之成熟，当然这也不是绝对的。因为体验强度的不同直接导致敏感性的不同，所以，伊曼纽尔·康德才认为必须通过自己的努力才能达到，这种努力也就是人类对事物的不断体验。

尤瓦尔·赫拉利（Yuval Harari）曾在他的书中讲过这样一个故事：他从早上看报时喝茶，到有目的地去尝试着品茶，慢慢地开始感受到品与喝的差异，感受到品茶的独特乐趣，从此他爱上了喝茶[②]。他的这个故事恰恰能说明体验的重要性，如果尤瓦尔·赫拉利早先没有喝茶的体验，那么就没有他后期的品茶，也不会体会到品茶与喝茶的差别，更不会爱上品茶，

---

① 康德. 论教育学：附系科之争[M]. 赵鹏，何兆武，译. 上海：上海人民出版社，2004：3.
② 赫拉利. 未来简史：从智人到神人[M]. 林俊宏，译. 北京：中信出版集团，2017：215.

而专心品茶属于高敏感度体验式的喝茶。体育非物质文化遗产项目的习练者大多如此，他们一开始并没有想着要练得多么娴熟或是精湛，只是想锻炼一下身体或是在忙碌的生活之余放松身心，但是随着练习的深入，他们发现只体验体育非物质文化遗产项目的皮毛不能满足他们对练习的渴望。于是进一步体验更具技巧性、难度也更高的体育非物质文化遗产项目，其目的是通过各异的敏感性来认识体育非物质文化遗产的身体运动习性，满足不同强度对健身娱乐的需求。无论是尤瓦尔·赫拉利的喝茶还是体育非物质文化遗产项目的习练，无一不说明随着体验强度的增加，敏感性也随着增加，致使人们对所从事的事物的兴趣更加强烈，进而说明高敏感度的体验对人进一步去体验事物的强大促进作用。人类的历史就是在不同敏感度中认识自己、创生文化的历史。

体育非物质文化遗产是在人类的发展过程中，通过人类的各种社会实践所产生的，如在宗教、劳动、娱乐、教育、军事等社会活动中产生，并不断地独立出来，最终形成了独具寓意和特色的精神意识和物态形式。例如，崆峒派集武术大成形成了崆峒派武术，是在充分吸收各种武术元素的基础上，经过崆峒派的先哲们深刻地体验、认知，凝练而成的。各种符码是构成文化符号的元素，只有对众多符码的充分抽象、系统化，才能构建具有代表性的符号，崆峒派武术的演变历程就是如此。可见，体育非物质文化遗产的产生和发展与符号的产生和发展的脉络是相同的。"体育是一种动态的肢体符号，这种动态符号具有强大的通约性，融表意、传意、承意为一体，可克服语言等方面的屏障，能够通过各种肢体等媒介达到有效的、便捷的、实时的互动。"①在具有扩散通约性的符号汇聚中，逐步构建起体育非物质文化遗产的庞大体系。关于拥有一定强度的身体敏感性感知的符

① 陈青. 动态的肢体符号：民族体育[J]. 体育文化导刊. 2008，（2）：49.

号化认知，在法国哲学家米歇尔·福柯（Michel Foucault）看来："关于身体认知的表述不能借助超越身体的体验，也不能借助个人心理的主观性。"①人们生活中的身体体验所产生的最直观的感受，无须反思，可以直接把控它们。由于唯有竞技化后的身体行为的身体体验才是完整的、深刻的，而绝大多数游戏类民族体育项目，其肢体活动的身体体验是零散的、肤浅的，很多游戏类的民族体育项目已经日落西山，只有那些有身体体验的民族传统体育项目才得以传承至今。

（三）传承的灵魂在于敏感性

体育非物质文化遗产项目的传承实则是运动项目技术的习得，运动项目的习得是以身体为载体的，身体运动又是以身体体验为中心的，而身体对运动项目的敏感程度又决定了身体的运动。日本体操队总教练员金子明友认为："在运动技能的习得过程中，技能从无到有这一质的飞跃，不是借助任何外力得来的，而是依靠自身的努力换来的。"这也说明，运动技能的习得是我们自己不断地进行高敏度体验的结果。关于我们为什么在习得运动技能的同时会喜爱上这个运动项目，金子明友又做了进一步解释。他认为，在对某个动作反复练习的过程中，会有意识地进行练习前后的运动感觉差异性的比较。在练习中产生了不同的运动感觉，就会促使人对接下来的未知运动形态产生期待，而这种不满足的期待将会让人进行无休止地反复习练②。金子明友所说的这种对后续未知运动形态的期待，其实就是我们生理学中所讲的运动的高峰体验和肌肉神经环路建立时所产生的特有蛋白

---

① 福柯. 知识考古学[M]. 谢强，马月. 译. 北京：生活·读书·新知三联书店，1998：59-69.

② 王水泉. 运动文化传承研究的新方向：以金子明友的身体知论为线索[J]. 体育与科学，2012，33（4）：35.

质共同作用的结果，也是我们所讲的敏感性。肢体运动强烈地依赖敏感性，敏感性使得肢体产生更加精细的体验，使机体的整体协调能力大幅度提升，进而演变成不同程度的竞技状态。

菲利浦·G.津巴多（Philip G. Zimbardo）著名的模拟监狱的实验，进一步验证了高敏感性的体验是行为表现的灵魂。菲利浦·G.津巴多招募了24名无任何犯罪史、心理状态良好的男士作为实验的参与者，并随机将他们划分为模拟监狱中的"狱警"和"囚犯"这两种不同的角色。实验参与者很快进入了自己扮演的角色，原本性格温和的"狱警"逐渐显示出了虐待狂的病态人格，而"囚犯"则显示出了沮丧和言听计从的犯罪状态①。当受试者在一个完全逼真的环境中，身着体验角色的衣服体验相应角色时，实现了真实再现、无间隙体验，这种体验属于全真体验，属于高敏感度的身体行为体验，甚至最后连受试者都无法想象自己在实验中的行为。身体的高敏感度体验行为所产生的认知是细致、深刻、全面的。在心理学理论中也有类似的理论，心理学的"表现"原理就是通过身体的行为来感知思想和情感的。人的行为体验能极大地影响内在的思想和感情。反过来，内在的思想和感情又进一步影响人的行为②。正如菲利浦·G.津巴多的模拟监狱实验向我们展示的一样，高敏感度的身体行为体验在整体和深刻的感知过程中，能体悟出身体行为的细节，融汇了思想和情感的因素，从而帮助身体形成自动化的技术和全面认知，形成即刻式的、完美的镜像神经环路。犹如我们照镜子，镜子中马上呈现出自己的形象。而高敏感度相当于一尘不染的高清晰的镜子，能够清晰地反馈影像。

"随意的身体体验，并不能提供真切的、高度复杂变化场景的细微判别

---

① 詹姆斯. 行为改变思想：表现原理[M]. 龙湘涛，编译. 海口：南海出版公司，2014：7-10.
② 同①.

应对。只有在高敏感度的体验中才会自动提供反馈、判断，特别是自然地提供丰富的、更高度复杂激烈变化的场景。这对于进步成长、认知，是必需的、极好的催化条件。"①想要达到某种竞技化，就不能忽视竞技化，必须注重高敏感度身体行为的体验。梦中戏水，完全不能说明会游泳。民众在日常武术运动中有过高峰体验者，其动作的流畅、意识的渗透、内外的兼修是初学者无法比拟的。可以说，高敏感度身体行为体验是体育非物质文化遗产项目技术进步的灵魂。

（四）传承的根本在于民族体育技术的竞技化

在人类的历史长河中，竞技化存在于我们生活的各个方面，包括两种：一种是潜移默化自然形成的技能，一种是人为形成的技能。我们不能狭隘地把竞技体育中不断地超越人体极限、最大限度地挖掘人体潜能的过程称为竞技化。竞技化只是一种人类对于某种运动或行为的高度自动化的状态，是实现主体意识的，专门、有效的身体行为表征。自然形成的技能是人在反复从事某种行为的过程中潜移默化的结果，人为形成的技能则是在加入人的主观意识后，在主观意识的驱使下，通过各种手段、努力并对所要形成技能的行为进行反复强化练习的结果。体育非物质文化遗产项目中的竞技化应该是人为的技能形成，人为地在体育非物质文化遗产项目运动过程中建立相关神经环路，使人在运动时达到运动动作自动化，最终履行生命冲动、完成生命塑造。想要使修身养性的体育非物质文化遗产项目沿着特定的方向发展，必须尊重其根本的运动技术的竞技化。

关于人类的身体是人类与外界接触的重要工具，莫里斯·梅洛－庞蒂认为：身体其实是一种既不同于纯粹意识也不同于自在物质的含混的领域，

---

① 茅鹏. 虚影与本质[J]. 体育与科学. 2017，38（2）：17.

它是两者之间的一个通道。正因为如此，他们以身体主体取代了纯粹意识主体，强调的是身体意向性而不是意识意向性①。因此，它强调了身体的物质性，同时强调了意识的物化过程。能否利用这个重要的媒介、工具，关键在于身体是否具备了沟通、互动、竞技化的有效行为。能言善辩，是灵活思辨的语言行为；能工巧匠，是精湛技艺的操作行为。"看"与"观察"相比，"看"是有机体器官的工具功能的表现，"观察"则是人有意识地利用视觉器官的媒介价值。其沟通和互动的结果大相径庭，"看"难以达到"观察"的复杂、精细、深刻程度。因此，不是所有人都能有效地"观察"，这需要必要的长期训练。

同样，在体育非物质文化遗产项目中，一些随意的肢体运动是不用特意进行关注的，它们是生命的自然冲动，但是具有技能性的身体运动则需要人们的意识进行刻意的建立，而且必须达到专门、熟练、精细、节能、记忆和符码状态，此时，运动的竞技化状态才会出现。当运动的竞技化状态出现时，身体才能轻松自如地完成运动的各个动作，运动的目标也更加容易实现。武术套路的全国冠军和业余武术爱好者进行武术套路的演练呈现出显著性差异，这与肌肉神经环路或是运动自动化的能力高度关联，千锤百炼与浅尝辄止的身体状态决然不在同一层面。

体育非物质文化遗产运动项目的竞技化过程实则是建立高效的、准确的、精细的相关运动的肌肉神经环路的过程。某个运动项目在经过长年累月的训练后，肌肉神经环路得以建立，不仅使习练者对此运动项目的敏感性大大增加，还会使神经之间的蛋白质发生特有的改变，从而使习练者在运动中轻松自如，并且具有运动的预测能力。比如，在棒球比赛中，想要接高飞球时，如果你只是一个流水线式的设备，那么，你根本接不到球。

---

① 梅洛-庞蒂. 眼与心[M]. 杨大春，译. 北京：商务印书馆，2007：6-7.

因为，从光线触到我们的视网膜上到我们开始执行动作指令时，会有数百毫秒的延迟，所以，我们伸手的地方永远是棒球过去的位置。能接到球，正是因为经过长期的训练，我们对此项运动具有较高的竞技化，大脑中的环路得以建立，大脑才会经过复杂的运算不断地预判棒球的运行轨迹，才能接到球[①]。这种能预测运动的能力正是竞技化技术在神经环路建立的过程中，神经元之间的神经递质也随着神经环路的建立发生变化，最终形成使得这项运动耗能少、效率高的特有蛋白质[②]。所以，人们要想使体育非物质文化遗产项目达到竞技化状态，必须在自身意识的主导下，进行有一定运动量的专项训练，在运动技术的专项训练中逐步呈现定向、熟练、节能、高效、自动、内化等，形成自动化的身体技能，而这种技能最终形成的身体记忆自然而然留存于身体之中，实现有效传承。

（五）高塔般的传承记忆

人类的记忆不仅有着不同形式的表达，还具有不同的层次。"对于记忆，我们不能仅仅理解为头脑当中的影像和言谈话语中的过去。比如凯博文讲的躯体化记忆。"[③] 记忆不仅存在于我们的大脑中，还存在于我们的身体中，存在于我们的文化之中。由此看来，记忆是有一定的梯度的。

在对某一个或某一组动作进行反复练习时，人的身体会对这一个或一组动作形成一个固定的运动模式，也就是建立一个肌肉神经环路。在需要用到这一个或一组动作时，能高效、节能地表现出来，就像我们能轻松自

① 伊格曼. 隐藏的自我[M]. 钱静，译. 杭州：浙江教育出版社，2019：40-43.
② 胡剑锋，王堂生. 神经科学对现代社会的影响[M]. 北京：北京大学出版社，2012：166-168.
③ 刘建，赵铁春. 身份、模态与话语：当代中国民间舞反思[M]. 北京：民族出版社，2015：143.

如地骑自行车一样，体育非物质文化遗产项目运动的身体记忆也是如此。在长年累月的反复训练实践中，运动员逐渐培养起来的运动的习惯通过身体来"理解"和"记忆"运动的动作①。运动的习惯是运动知识习得的过程，是身体记忆的过程，也是记忆的最底层。在体育活动中，基于建构神经环路的艰苦的训练最能在"心灵的石板""身体的底板"（阿莱达·阿斯曼语）上印刻下记忆的痕迹，因为处于塔底，石板不易被风蚀，所以是牢固的记忆基础。

对体育非物质文化遗产项目产生重大作用的人文记忆，其实是人类的身体记忆。人类的身体承载着生命冲动，通过身体行为完成着人类的生命塑造，也只有人类的身体行为才能够把体育非物质文化镌刻在人的身体之上。其主要原因有：第一，人类在创造与掌握体育非物质文化遗产的历程中经历了高强度的身体训练，才形成了现在我们所看到的运动项目，在这个过程中身体产生了难以抹除的记忆痕迹。这是因为，人类在进行反复高强度的肢体运动时，内心会产生一种使自己继续运动下去的期待感，这种期待感会使人们对所从事的项目异常敏感，进而使人们进一步对所从事的运动项目进行更高敏感度的身体体验。在这种状态下，人们所形成的认知是深刻、全面的，所产生的身体记忆也是比较牢固的。第二，在此之前，体育非物质文化遗产属于民族体育项目，而民族体育项目很少被记录下来，这就使人们产生一种遗憾感，正是这种遗憾感促使人们去从事民族体育项目的习练，使得人们更愿意把民族体育项目镌刻在自己的身体内，形成牢固的身体技能，从而更好地传承下去。第三，在少数民族地区，民族体育是集勇敢、力量、能力和顽强的精神于一身的身体运动，而拥有这种身体

---

① 车延芬. 舞蹈口述史与"口述"舞蹈史：兼论舞蹈人的身体记忆与社会记忆[J]. 民族艺术研究，2016，29（6）：142.

运动技能的人一般是这个地区的佼佼者，被人们奉为英雄，受人尊重，正是这种"英雄记忆"引领着人们从事民族体育项目，进而强化着人们的人文记忆。

体育非物质文化记录于图像、文字或是数字影像中远远达不到镌刻在人的身体上的效果，同时只是镌刻在某个人的身体上也是无法传承的，某个镌刻了体育非物质文化的人一旦死亡，体育非物质文化也就随之消亡了。好在人类社会不单单是以每个个体独立存在的，而是在不断地与社会中的其他个体或群体进行交往才能存在的。

当社会群体中的每个个体在进行社会交往的过程中，个体的身体记忆被更广泛的群体所共享、掌握时，就形成了这个社会群体的集体记忆。集体记忆是身体记忆向文化记忆迈进的必经阶段，只有进入了集体记忆，才更具有向文化记忆塔尖攀登的能力。形成集体记忆必须具备两个必要的条件：（1）个体的自身记忆；（2）社会交往和群体意识。这两个条件缺一不可，如果只有个体的自身记忆，只能限于自身，无法由集体共享；如果只有社会交往和群体意识，这样的社会将是一个行尸走肉的社会，也不会长期存在。集体记忆又属于交往记忆，交往记忆最大的局限性就是时间的有限性。一般交往记忆的存储时间最多不超过 100 年，也就是三代到四代人的时间跨度①。扬•阿斯曼（Jan Assmann）则认为，集体记忆产生的这种时间局限性是由于集体记忆不能够提供一个固定的点，也就是没有一个传承的载体。所以，在时间的流逝过程中，集体记忆逐渐淹没在时间的长河之中。为了突破集体记忆时间的局限性，扬•阿斯曼认为：集体记忆只有通过客观的物质等正典文化符号才能达到长久的记忆，这也是扬•阿斯曼

---

① 赵静蓉. 记忆[M]. 广州：暨南大学出版社，2015：130−136.

所说的人类记忆的塔尖——文化记忆[①]。例如，原本拔河比赛只是个人的身体记忆或是一个集体的记忆，而临潭县的全国拔河锦标赛则把万人拔河上升到了一种文化正典形式，并且这种文化形式得到了这些参与者的认同。因此，万人拔河的记忆依托这种文化形式得以固定下来，形成了万人拔河的文化记忆，进而使万人拔河成为一种比较稳固和长久的记忆。

（六）水流般的传承形式

体育非物质文化的传承形式就像水流一般，可分为两类：一类是在历史的长河中悄无声息地进行传承，就像滴水穿石的水流一样，展示着无形的传承力量。以往的体育非物质文化项目的传承是借助节日庆典和祭祀平台进行展示的。在这种平台上，人们以一种心态进行身体活动，这种随意、散漫的心态造就的是人们随意的肢体活动，人的身体记忆并不深刻、完整，很容易遗忘，这种传承的效果不是太理想。另一类是像给水流施加了压力一样地进行传承，这类传承与滴水穿石不同，它就像是高压水枪一样，这类水也正是本书所研究的传承之水。高压传承主要是借助体育非物质文化的运动技能竞技化来实现的。在运动技能竞技化的过程中，人体开始向着适应此项运动的方向发生改变，人体内开始建立关于此项运动的肌肉神经环路，神经环路中的蛋白质开始变成此项运动的专属蛋白质，并且在形成运动技能竞技化的过程中，运动的高峰体验机制开始发挥其作用，使得习练者不断地产生运动兴趣，从而不断地进行体育非物质文化遗产项目的练习。当习练者拥有了此项运动的运动技能后，在其自身的社会交往过程中，使得所交往的群体都具备了关于此项运动的技能，进而形成关于这个群体

---

① 阿斯曼. 文化记忆：早期高级文化中的文字、回忆和政治身份[M]. 金寿福，黄晓晨，译. 北京：北京大学出版社，2015：41–84.

的集体记忆。社会是在不断的交往过程中发展的，在群体交往不断扩大的过程中，不断地形成不同群体的集体记忆。在历史发展的长河中，体育非物质文化遗产项目的集体记忆往往依附于节日庆典仪式、比赛等，通过节日庆典仪式、比赛等客观的、物化的正典文化符号得以"形构"，进而形成关于体育非物质文化遗产项目的文化记忆，使得体育非物质文化遗产项目拥有了记忆的强大势能。在中华民族传统文化中，"上善如水"的水无处不在，该水是强势与柔势相兼的隐喻，对体育非物质文化遗产项目的传承也有巨大的作用。

文化存在着强弱、上下的差异。一般而言，强势、上位的文化具有较高的势能，拥有渗透和扩张的势能。在塔顶的文化记忆具有较大的传承势能，在其自身强大的传承动力的驱使下，文化信息达到传递及普及。但是，在文化传承中，由于存在着强大的代际遗忘屏障，文化间的传递存在着文化保护屏障，仅仅依靠记忆之塔的势能还不足以实现信息的本真传递，必须施加必要的压力，使塔顶的记忆之水借助势能变成高压水。体育非物质文化遗产项目中的身体行为竞技化犹如被施加了压力的高压记忆之水，具有强大的传承势能。这一点可以从西方竞技体育在中国的传播得到印证，更可以从儒家文化数千年延续的事实得到验证。这类高压水枪式的传承之水，虽说传承复杂、费力，但它保存得最为长久。这种传承之水，能够在短时间内实现文化信息的突破，大量的文化信息通过打开的传承大门倾泻而入。这种传承之水进行了复合式的传承，也只有这种相得益彰的传承才能使传承更加全面和深刻。民族体育非物质文化遗产这种身体运动绝非一朝一夕能够掌握的，没有高压传承之水的压力，很难形成牢固的记忆。在心灵石板上印刻记忆痕迹，必须依托强力的方法进行信息印刻。因此，体育非物质文化遗产项目的传承不仅需要悠扬的滴水式传承，还需要强大的压力式传承。